アトリウムの子どもたち

——モンテッソーリの宗教教育——

長谷川　京子　著

サンパウロ

まえがき

「アトリウム」とは、教会の建築様式で中庭を意味する言葉です。ここは、日常の生活である外界と、神の家である聖堂の間にあり、神様に向かう心の準備をする空間なのです。

この意味を込めて、「アトリウム」と名づけられた子どもたちのための部屋がありますᐟ。保育室や学校の教室のような生活や勉強のための場ではなく、だからといって教会とも違います。神様と出会い、神様へと心を向けるためにある準備の部屋で、幼稚園や学校と教会をつなぐ場とも言えるかもしれません。子どもたちがそこで、聖書を読んだり活動したり祈ったりできるように整えられています。

カトリック幼稚園といえども、信者の数はとても少ない状況ですが、それにもかかわらず「アトリウム」と呼んでいるこの宗教教育の部屋に、たくさんの子どもたちが自分の意志で喜んでやってきます。特に宗教的な家庭で育った子でなくても、自分から欲してやって来るのです。そして、「アトリウム」で過ごして帰る時には「神様、大好き！」と、その顔が喜びで満ちあふれているのです。

　私自身をはじめ、アトリウムの見学にいらしたり、ご自分の園で実践された先生方は、この子どもの喜びに満ちた表情を見て心が動かされます。その表情こそが、神様との出会いの喜びの証しだからです。これをきっかけに、保育者のその子に対する見方が変わることも多々あり、このうれしい体験を人に伝えずにはいられない気持ちになります。

　ここで紹介するアトリウムや教具は特別な環境ではありますが、アトリウムを設置することが難しい幼稚園や保育園、また教会学校やご家庭でも、子どもに信仰を伝達する手段として何かしらの参考にしていただけたら光栄です。

長谷川　京子

本書に登場する手作り教具

詩編 23 のことばのカード
（3 章　p.61）

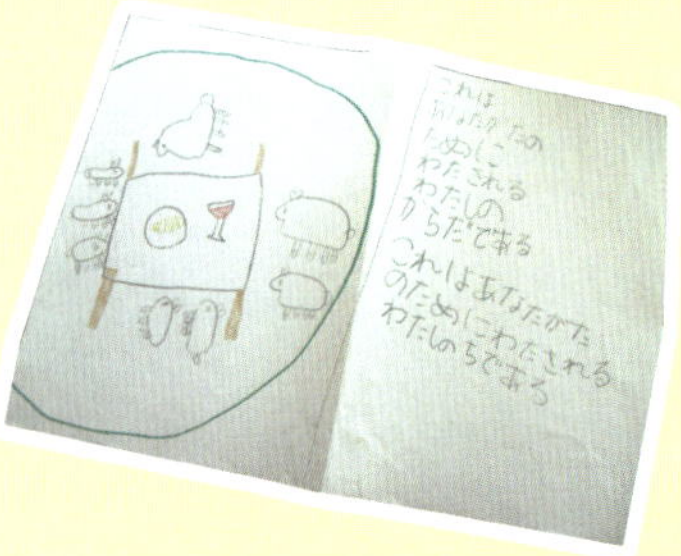

子どもの絵（2 章　p.49）

羊の絵を描いた子どもの作品
（2 章　p.43）

「良い羊飼い」の教具
（2 章　p.37）

「良い羊飼い」のたとえ話の本
（2 章　p.37）

「ミサへの展開」の教具
（2 章　p.49）

聖書の教具（5 章　p.123）

ミサの中で今でも使われている
ヘブライ語の言葉（5 章　p.123）

「お告げ」のプレゼピオ（4 章　p.87）

絵を写したりして、
本を作る教材
（3 章　p.57）

マリア様とエリサベトを描いた
子どもの絵（3 章　p.74）

こどもの自由画（4 章　p.92）

イスラエルの地図パズル（4 章　p.105）

待降節の預言の言葉
（4章 p.81）

「最後の晩さん　ご聖体の始まり」の教具
（8章 p.180）

ろうそくの色を典礼色に合わせた
お祈り コーナー（5章 p.132）

お母さんの手作り絵本
（11章 p.243）

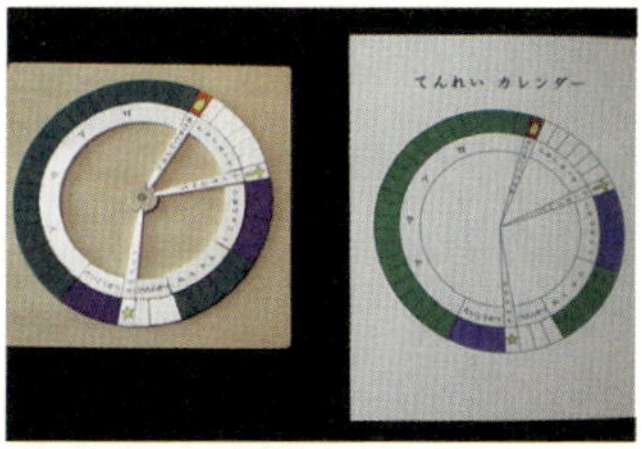

典礼カレンダー（5章 p.130）

洗礼のポスター
（9章　p.204）

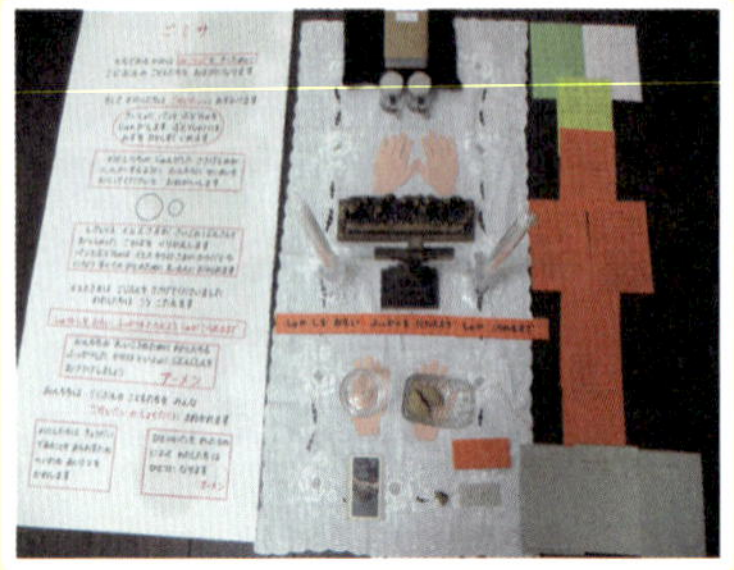

ミサの流れを学ぶ教材（6章　p.161）

「神の国の歴史」の教材
（7章　p.173）

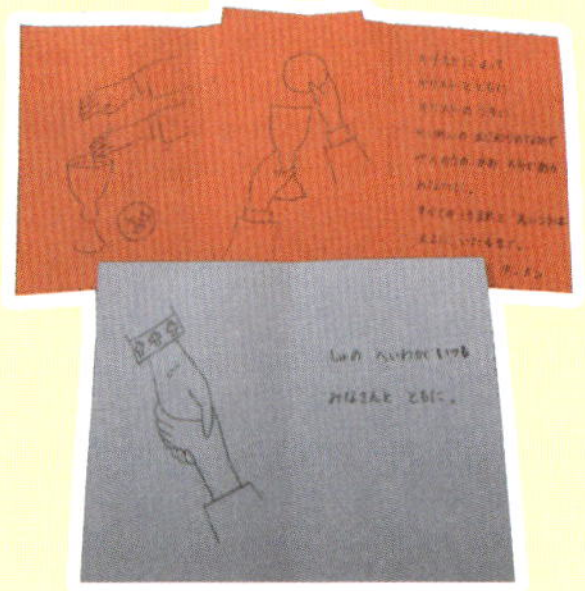

「平和のあいさつ」のカード
（6章　p.154）

「神の国の歴史」の教具（7章　p.174）

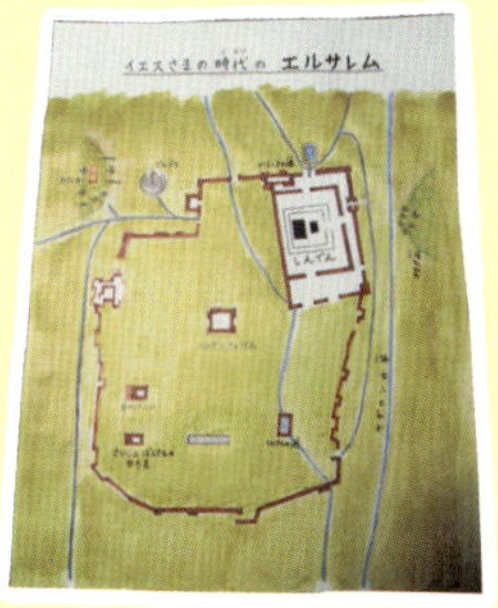

エルサレムの地図
(8 章 p.186)

信仰の神秘 (6 章 p.155)

初聖体式への招待状
(9 章 p.217)

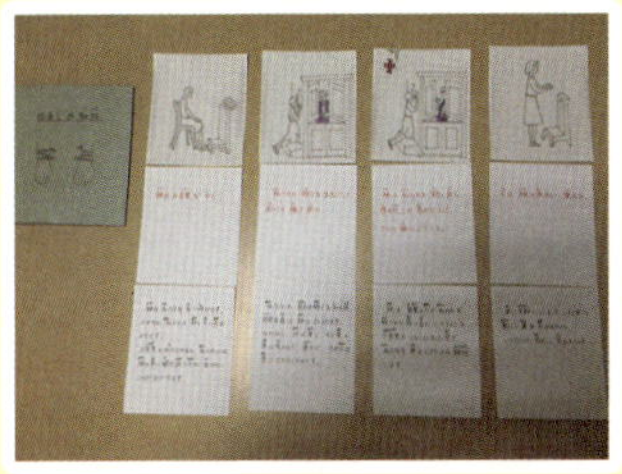

ゆるしの秘跡の絵カードの教材
(9 章 p.217)

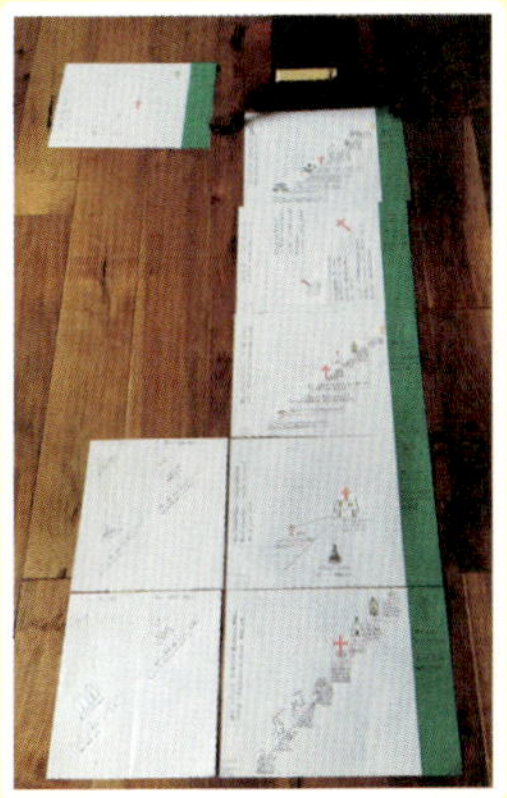

「救いの歴史」の総合
(10 章 p.230 ~ 231)

目次

目　次

1章
天の国のたとえ話

天の国はパン種に似ている。
女がこれを取って三サトンの粉に混ぜると、
やがて全体が膨れる。

マタイ13・33

天の国とパンだね

「天の国って、どんな力があるのかな?」神の国の性質

ある幼稚園に、「神様のお話、大好き!」と言って、朝から張り切って子どもが通ってくる小さな一室があります。それは「アトリウム」と呼ばれている、モンテッソーリ教育の宗教のお部屋です。保育室とは別に特別に設けてあり、宗教の教具だけが、幾つも置いてあるのです。子どもが好きな時に来て良いことになっていて、自分で好きな物を選んで活動できるように準備されています。先生はその部屋にいますが、子どもが分からないことがあって援助を求められた時だけ助言し、後は静かに見守っています。

一般的に幼稚園や教会学校では、先生に聖書のお話を聞いて、そのお話が好きになっても、その後、自分の好きな時に好きなだけ繰り返して読み返すことがなかなかでき

ません。小さい子どもが、聖書の箇所を聞いて分厚い聖書を開いて読むなど、不可能だからです。しかし、このアトリウムというお部屋は、この前、先生がしてくれたあの聖書のお話をもう一度、もしくは二度でも三度でも繰り返すことができるように、子どもが一人でもできる教具があるのです。

子どもの大好きな活動の一つが「天の国とパン種」です。

「天の国はパン種に似ている。女がこれを取って、三サトンの粉に混ぜると、やがて全体が膨れる。」（マタ13・33）このたとえ話を聞いた後、実際に小麦粉に水とイーストを混ぜ、手を粉だらけにしながら「よいしょ、よいしょ」とこねるこの活動が、子どもは大好きです。発酵するまで待つと、生地は大きく膨らんでいて、パンのような良い香りがし、触るととても柔らかくなっています。子どもだけでなく、大人も思わず感動して歓声を上げたくなるような変化！　腕や身体全体の筋肉、視覚、嗅覚、触角など、あらゆる感覚を使って、ゆっくり「天の国の力」がどんなことかを感じていくのです。

イーストを入れずに同じようにこねた生地と比べて、「大きさが違うね。」「色も匂いも、柔らかさも違う。」「なぜかしら？」「こっちはパン種を入れたから、こんなに変わったんだ。」「すごい力だね。天の国は、このパン種みたいなんだって」と、話し合います。そして、「大きさだけでなく、他にもいろいろなことが変わるものがあるかしら？」と聞いてみます。子どもは知っていることを一生懸命思い出しながら答えてくれますが、やがて、「蝶《ちょう》」とか「かえる」とか言う子も出てきます。「そうだね、そうだね」と聞いていると、「人間も！　だって、赤ちゃんの時は小さくて、歩けないし、話せない。それが、ハイハイするようになって、歩くようになって、今、僕は走ることもスキップすることもできるよ！」「私は、小さい時はお世話をしてもらってばかりだったけど、今は自分より小さい子のお世話をしてあげられる。」「字も読めるようになった」など、自分自身のことにも気づいていきます。自分が、大きさだけでなく、いろいろな面で成長したことを、うれしそうに話してくれたら、「どうしてかしら？」と尋ねてみます。そして、パン生地がイーストによって膨らんだように、自分が天の国の力によって、生かされていることに気づき始めるのです。

大人が「あなたは神様の力によって、生かされていますよ」と口で教えるのは簡単です。時には、「だから感謝しなくてはなりませんよ」とまで言いたくなるものです。でも、子ども自身が主役になり、体験し、考え、感じたことこそ、本当に身になるのですから、急がずにたっぷり時間をとってあげましょう。何度でも繰り返して聖書のお話を振り返ることのできる、環境を整えてあげましょう。イエス様が弟子たちにたとえ話をしたのも、弟子たちに自分で考えさせるためだったのではないでしょうか。

教具だけでなく、たとえ話一話だけを書いた、読みやすい小さな本を準備しておくと、それを読んだり、書き写して自分で本を作ったりする子どももいます。ゆっくりと時間をかけて聖書を味わった後、「では天の国とパン種のお話を聞いたから、神様にお祈りしましょうね」と誘うと、それぞれこんな祈りをしました。「天の国って、すごい力があるんですね。」「パン種を入れなかったのは膨らまなかったけど、どうしてかな?と思いました。」「天の国の力は、人間の力よりも強いのですか?」「粉の中に入れると、パン種が見えなくなるのはどうしてですか?」神様と仲良くお話をしているような、かわいらしいお祈りを聞いていると心が癒やされます。すごいことを聞いた、見たという感動で子どもの顔は輝いています。そんな様子を見ると、教え込むのではなく、幼い子どもたちが神様のことが好きになり、仲良くなるためのお手伝いが少しできたかしら、とうれしくなるのです。

パンをこねながら何を感じてるのかな。

アトリウムで自分の選んだ活動をする子どもたち

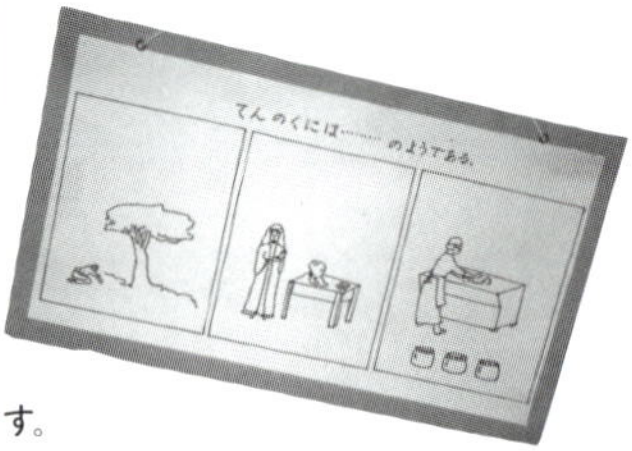

「天の国とからし種」や
「天の国と真珠」もあります。

真　珠

「真珠を手に入れた商人は、今喜んでいる？」
神の国の美しさとその価値

「天の国は次のようにたとえられる。商人が良い真珠を探している。高価な真珠を一つ見つけると、出かけて行って持ち物をすっかり売り払い、それを買う。」（マタイ13・45–46）

「天の国と真珠」のたとえ話も、子どもが好きなお話です。

ある所に真珠の商人がいました。今までたくさんの真珠を得てきたのですが、ある時、今まで出会ったことのないほどのすばらしい真珠にめぐり合いました。商人はどうしてもそれを手に入れたくて、今までの物をすっかり売ってしまうのです。

子どもたちには人形を動かしながら、このたとえ話をします。商人の人形と真珠の宝箱を目の前にして、より具体的にお話の要点が心にすんなりと入っていきます。

商人が、とうとう特別すばらしい真珠を手に入れた後、子どもに「今、商人はどんな気持ちかな？」と聞くと、みんな「喜んでる！　だって、欲しかった真珠がやっと手に入ったんだもん」と答えます。「あなたも商人だったら、同じようにする？」と聞いても、「する！」と答えます。すばらしい真珠を指さし、「天の国は、この真珠のようなんですって」と言うと、「へぇー」としみじみ見つめたり、せっかく手に入れたすばらしい真珠が盗まれないように、さっと扉を閉める子もいます。


このたとえ話は、天の国の価値について言っているのですが、それは他の何にも代え難いほど価値あるものということです。

以前まさしく、この商人のような選択をした子がいました。

クリスマス前の献金の時期でした。幼稚園でも何かを我慢して、献金をしようと呼びかけていたところ、ある朝、年長の女の子が遅刻して来ました。晴れやかな顔で、息をはずませながらにこにこして、「遅刻しちゃって、ごめんなさい！」と言うので、どうして遅刻したのか聞くと、「幼稚園までバスに乗らずに歩いて来たの。そのお金を献金しようと思って。そしたら、一時間もかかっちゃった！」と。白い息から、どんなに寒かったか想像できました。寒さの中を一時間も歩くのは、さぞかしたいへんだったでしょう。でもこの子は、商人で言えば売り払った物を惜しんでいないのと同様、つらかったという気持ちよりも、人のために自分がここまで頑張れたことの達成感と喜びでいっぱいのようでした。こんなに小さい子どもでも、人の役に立てることは大きな喜びなのです。

例えば、「天国に入るためには、我慢をしないといけませんよ」とか、「自分のことは犠牲にして、人に尽くさないといけませんよ」と言われたらどうだったでしょう。「こうしないと、いけない」という重たい気持ち、義務的な愛で終わってしまったに違いありません。

しかし、義務で愛することなどできないのです。何かに突き動かされた時に、自分でも驚くほどの力が湧き上がってくるものなのです。

神との関係は恋愛に似ていると言われますが、恋に落ちると、それまでと価値観ががらりと変わってしまうことがあります。本当に心を動かされる価値あるものに出会った後には、それまでこだわっていたものがどうでもよくなってしまうこともあるのです。お父さんお母さんにとっては、自分の子どもの誕生がそうかもしれません。親はかけがえのないわが子の幸せのためなら、それまで大事と思っていたものを犠牲と思わず、喜んで投げ捨てられてしまうのですから。

また、やはりクリスマスの時期に、こんなことがありました。お弁当を食べながら、「サンタさんにクリスマスプレゼントは何をお願いしたの？」と話していました。子どもたちはそれぞれ「おもちゃ」とか「人形」などと答えていましたが、その中の一人の女の子が「聖書」と答えたのです。神様のお話をもっと聞きたかったのでしょうか。幼稚園生の歳で聖書とは驚きましたが、彼女にとって、おもちゃなどは二の次のようでした。

その子はその後、お母さんと一緒に洗礼を受け、ご家族で熱心に教会に通うようになりました。

これらの子どもたちを見た時、私は本当に感動しました。この仕事をしていて、何よりうれしい瞬間です。

子どもたちの心にしみ込むお話をしながら、これからもたくさんの子どもがこのように天の国との出会いをしていってくれたら、と祈るばかりです。

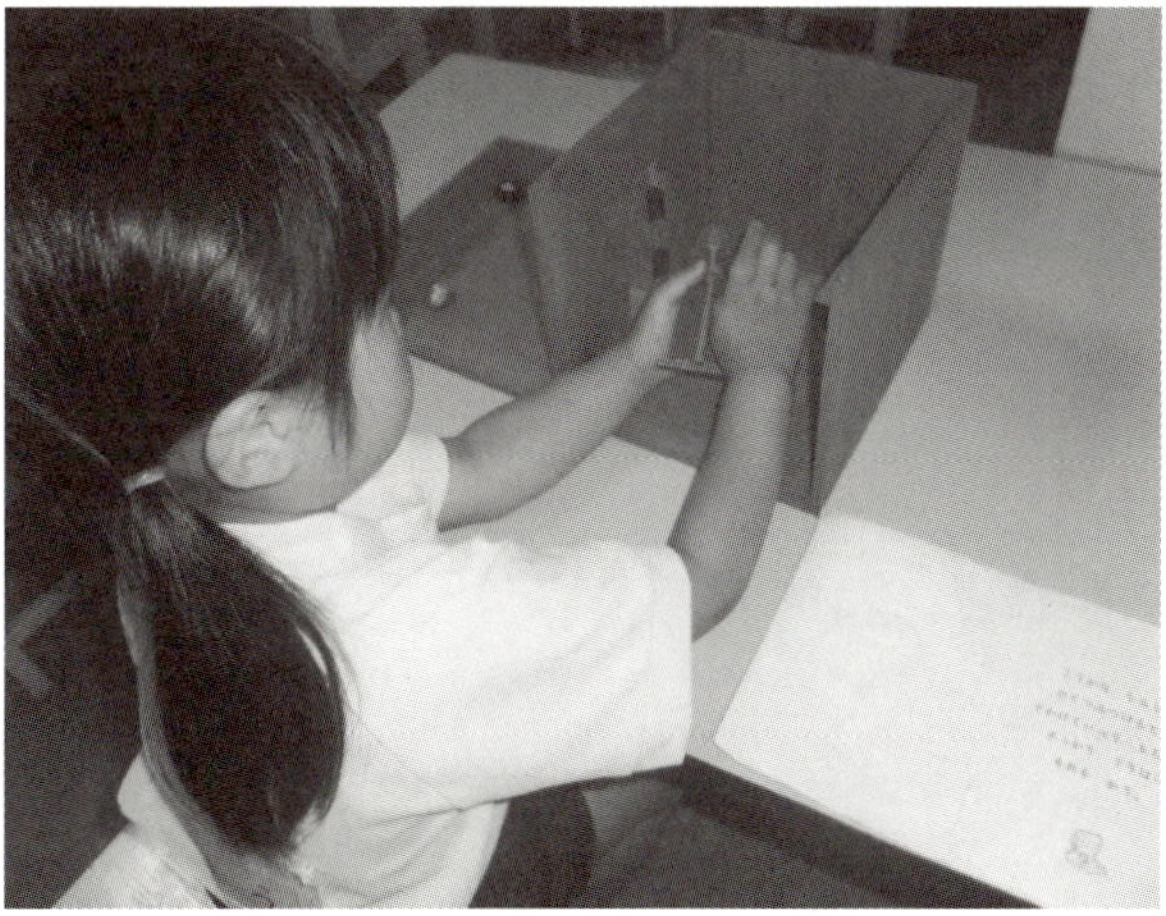

人形を動かす年中児

商人は、これまで出会ったことのないほどの真珠を見つけます。

一人ひとりと丁寧に関われるように、
入室できる人数をある程度決めています。

2章
良い羊飼いのたとえ話

羊飼いは自分の羊の名を呼んで連れ出す。

ヨハネ10・3

良い羊飼い

「羊は誰のこと？」イエス様と自分、そして共同体との関係

子どもたちに聖書の話をする時、どんなお話を選びますか？

イエス様は弟子たちによく、たとえ話をしていました。たとえ話の良いところは、定義でないところです。たとえで言われると、私たちは「こんなかな？」「あんなかな？」と、各々好きなように想像することができます。イエス様が「私は良い羊飼いのようである」と、ご自分を良い羊飼いにたとえておっしゃった箇所も、子どもたちには人形の教具も用意して、より具体的に想像できるように援助していきます。

①お話を先生の分かりやすい言葉で聞いた後、②聖書に書かれているとおりの言葉を聞き、③人形の教具を使って動かしながら、さらに理解を深めます。

このお話は、一人の羊飼いとたくさんの羊たちとのお話のようですが、実はその中

にとても深いメッセージが込められています。①の先生のお話で、それをどのように分かりやすく伝えるかというと、以下のようです。

「イエス様は、良い羊飼いのようです。羊飼いってどんな人か知ってる？　貧しいけれど、心のとてもきれいな人です。イエス様はその羊飼いの中でも、特に良い羊飼いなのだそうです。」「良い羊飼いは、たくさんの羊を飼っています。普段は安全な柵の中で飼っていますが、閉じ込めたままではなく、おいしい草やおいしい水のある良い所に連れて行ってあげることもあります。」「良い所に連れていく時、どうやって柵から羊を出すでしょうか。一匹一匹の名前を呼んで、外に出します。良い羊飼いは、羊をとても大切にして愛しているので、羊がたくさんいても、ちゃんと一匹一匹の名前をよく覚えています。」「羊は良い羊飼いの声を知っているので、呼ばれたら柵から出て来ます。」「全部の羊を柵から出すと、良い羊飼いは先頭に立って行きます。それは、良い場所へ行く道を知っているのは、羊ではなく良い羊飼いだからです。」「それに、もし途中で暗い道があったり、危険な所があった時、良い羊飼いが先頭にいれば、羊のことを守ってあげられるからです。」「良い羊飼いは、羊を守るためならば、命をも捨てます。」「良い羊飼いの声は遠くまで響くので、やがて、ここにいる羊だけでなく、世界中の羊がここに集まり、一人の良い羊飼いの一つの大きな群れになることでしょう。」

大人の私たちが、この「良い羊飼い」の部分を「キリスト」に置き換えて読むならば、何を示しているのかが分かり、このたとえ話が、どんなに深いことを語っているのか想像がつくでしょう。

このお話の中でもっとも子どもに伝えたい大切なメッセージは、「イエス様は命をささげるほど私たちを愛され、そのうちの一人は私自身である」ことです。しかしながら、子どもが自分で気づくことを大切にしているので、先生が教えてしまわず、④番目の関わりとして、「良い羊飼いって、誰のこと?」とか、「良い羊飼いはどんなことをしていた?」とか、「どうやって、羊を柵から出してた?」「誰が先頭だった?」などと聞きます。そして、「良い羊飼いであるイエス様がこんなに大切にしているこの羊って、誰のことだと思う?」と質問するのです。

子どもにこのお話をして人形の教具を使って見せても、最初からみんなすぐに「自分がこの羊である」と気づくわけではありませんが、アトリウムという宗教のお部屋で、いつでもこれをすることができるので、何度も触れて繰り返しているうちに、やがて「この羊は私のことなんだ！」と気づく時が来るのです。私たちがしなくてはならないことは、「羊はあなたのことです」と、すぐに教えてしまうことではありません。自分で発見して、驚き、喜ぶという体験ができるような教具や環境を準備して、待ってあげることです。

待つことができるのは、まだその後に何度でもチャンスがあるし、何よりも子ども自身に発見してもらいたいからです。気づいた子どもは、こんな祈りをしていました。「アジアとか、世界中の人を守ってくれてありがとうございます。」「羊飼いは良い人だから、そんな人になりたいな。」「私にもイエス様の声が聞こえますように。」

何年も前のことですが、ある幼稚園で保護者の方に講演をしたことがありました。子どもに話すのと同様に、良い羊飼いのたとえ話をして、教具も実際に使ってみていただきました。実際に教具を動かしてみると、ゆっくりと心をこめて、このみ言葉をどんなに味わえるか、よく分かるからです。一カ月以上たって、その時の一人の保護者の方からお礼のお手紙をいただきました。その内容は、「お礼を申しあげます。……私は信者なので、あのお話は何度も聞いて知っていましたが……最初この手紙は、お礼を書くつもりで書いていました。ところが、書きながら分かったのです。心から、私はあの羊なのだと！」

きっと、聞いて知っていたけれど、書く作業などを通して、本当に心から気づいたということでしょう。時間がかかっても、何も問題はありません。本当に神様の愛に気づき、心震えるような体験ができるのであれば。

良い羊飼い

良い羊飼いが一匹一匹を大切にしたように、
子どもも羊の人形を大切に扱います。

お祈りコーナーには、良い羊飼いのご像を置いて祈ります。

絵を描いたり本を作ったりする副教材も、
子どもは大好きです。

見つけた羊

「心が迷子になったことある?」
イエス様の愛は深く、変わらない

ルカによる福音書の「迷子の羊」、または「見失った羊」のたとえ話と言えば、すぐに思い浮かぶ方がたくさんいるでしょう。

「あなたがたの中に、百匹の羊を持っている人がいて、その一匹を見失ったとすれば、九十九匹を野原に残して、見失った一匹を見つけ出すまで捜し回らないだろうか。そして、見つけたら、喜んでその羊を担いで、家に帰り、友達や近所の人々を呼び集めて、『見失った羊を見つけたので、一緒に喜んでください』と言うであろう。」(ルカ15・4−6)

ずいぶん前のことですが、教会学校で中学生に人形の教具を使って、このたとえ話をしたことがありました。人形なんて中学生には子どもっぽいかな？と思いましたが、真剣に見て、素直に話を聞いてくれました。

翌週、あるご両親が、「迷子の羊の話を聞いたって、娘から聞きました。そして私たち夫婦はつい、『あのたとえ話、残りの九十九匹はどうなるのかしら』などと言ってしまったのです」とおっしゃいました。「たった一匹の羊のために、他の大勢は犠牲になった」という気持ちになったようです。しかし、続けてこうおっしゃいました。「ところが、娘はこう言ったんです。『残りの羊はちゃんと柵の中にいて、門も閉まっていたわよ。迷った羊が見つけられて、よかったじゃない』って。」

なるほど。教具のおかげでその中学生の娘さんは、他の羊を心配することなく、迷子の羊に思いを寄せることができたのかもしれません。

それにしても、このたとえ話を聞いてこのご両親のように考える大人はかなりいます。「私は子どもが大勢いるので、このような時、一人のために他の子どもをどうしたらよいかと考えてしまいます」とおっしゃった方もいました。

しかし、それに反して同じことを言った子どもは、今まで会ったことがありません。

子どもはいつも、迷子の羊の気持ちになって、この羊飼いが「さんざん捜したよ！まったく何してるんだ！」と怒ったりせず、ただ見つかったことだけを喜んで、疲れ果てている羊を肩に乗せて、家に連れて帰ってくれることに感動するのです。

幼稚園でも「迷子になったことある？」と聞くと、たいていの子は「ある！」と言って、その時の話を詳しくしてくれます。しかし、本当の迷子でなくても、気づいたら一人孤独だった、不安だったという体験は、日常の中で誰にでもよくあります。本来、優しい良い子なのに、何かの事情で心が傷つき荒れてしまったというのも、ある意味で迷子と言えるでしょう。

いつも落ち着きがなく教具を雑に扱ってしまったり、集中できず、あちこちに気が散ってしまう男の子がいました。ある日、アトリウムに来ると挨拶もしないまま本作りを始めました。いつもと違うな、と思いながら見守っていると、その日は本作りによく集中し、とうとう最後まで仕上げることができました。本が仕上がった時に、「今日は、とても集中してたね。本が仕上がってよかったわね」と声をかけると、うれしそうな顔をしました。その顔を見て、その子は自分でも落ち着かない自分が好きではなかったのではないか、今日は力を出しきることができて、本人がいちばん満足しているのではないかと思いました。

子どもは、本人がわざとではないのに不安定になったり、失敗したり、道をそれてしまうようなことがよくあるのです。でも、「ほら見なさい。ちゃんと話を聞いてなかったから、こうなった」「約束を守らなかった」と責めず、「ありのままのあなたがここにいて、本当によかった！」「あなたの良いところ、見つけたよ！」と表現してあげると、愛されていると感じ、自信を取り戻せるのです。

この「迷子の羊」を、なぜわざわざ、「見つけた羊」と言い換えて子どもに話すかというと、この教具を作ったソフィア・カヴァレッティ先生が、「見失ったことよりも、『見つけた』ことが大切で意味がある」と考えたからです。実際、子どもは「見つけてもらえたこと」以外のことに関心を示さず、喜びと感謝の気持ちしかありません。

幼稚園の子どもたちは、こんなお祈りをしてくれています。

「羊を捜してくれて、ありがとう。」

「羊をいつも守ってくれて、ありがとう。」

「イエス様は百匹の羊を飼っているのに、一匹でもいなくなったら分かって捜しに行くのがすごいと思いました。」

「心の中にいてくれて、ありがとう。」

「イエス様は、こんなに優しいんだなぁ。」

「いつも世界のみんなを見ていてくださって、ありがとうございます。」

「お引っ越ししても、そばにいてね。」

「神様、いつもそばにいてくれてありがとう。」

この子どもの祈りの言葉のように、「神様がいつもそばにいてくれる」という喜びは、小さい子どもへの宗教教育でいちばん大事なことなのです。

見つけた羊

良い羊飼いの人形で、羊を迎えに行きます。

ステンドグラスの羊が、
子どもたちを見守ります。

羊の絵を描いた子どもの作品

ミサへの展開

「イエス様は、どうしてパンとぶどう酒の中にいらっしゃるの？」
招きと贈り物の普遍性

宗教教育をする時、聖書のお話をするだけでは十分ではありません。聖書と典礼は、必ず対になっているからです。具体物なくして一人きりで仕事ができないように、具体的な手段〝典礼〟なくしては、信仰生活を送ることは無理だからです。また、キリスト教徒にとって最も重要な〝聖体〟も、一人きりでは受けられません。小さい子どもにミサの意味を優しく説明するとしたら、どのようにすることができるでしょうか。

私が学んだローマのソフィア・カヴァレッティ先生は、典礼の中に生きるという中枢を、何年もかかって、実にシンプルに伝える教具を考えだしました。

それは、「良い羊飼い」のたとえ話をミサへと発展させる教具です。子どもが「良い羊飼い」や「見つけた羊」のたとえ話に親しみ、イエス様が愛してやまない羊が自分のことだと分かった後、良い羊飼いが子どもに引き起こした愛の力や喜びを、祭壇の上のご聖体であるパンとぶどう酒の中に移し替えるのです。

まず、机の上に良い羊飼いの教具を置きます。その隣に、教会を表す円形の板を置きます。これは、良い羊飼いの話の舞台になった草原の緑色をそのまま使いつつ、教会の様子を思わせるじゅうたんのようなフェルトが貼ってあります。

「良い羊飼いと羊たちは柵の中で一緒にいたけれど、良い羊飼いと羊たちが一緒に集う特別な場所と特別な時間があります。」

教師はそう言って、フェルトの円形の板の上に、祭壇となる机を置き、テーブルクロスをかけます。そして「その特別な場所とは教会で、特別な時間とはミサのことです」と言います。

祭壇の上に羊飼いを置き、柵の中にいる羊を一匹ずつ祭壇の周りに移動させます。

「ほら。柵の中ではなく、今度は教会で良い羊飼いと羊たちが集まりました。私たちもミサにあずかる時に行く、もう一つの柵です。そこでの良い羊飼いは、とても特別な羊飼いです。ご自身すべてを私たちにくださるために、そこにおられます。」

「ミサの時、良い羊飼いであるイエス様は、このような姿ではなくパンとぶどう酒のしるしの中にいらっしゃいます」と言って、良い羊飼いをパンとぶどう酒に取り替えます。**（写真①）**

パンとぶどう酒の置かれた祭壇を、羊が囲んでいる様子を見て、「ミサの時、教会に羊が来てるかしら？」と聞くと、「来てない！」「人が来てる！」と子どもはすぐに分かるので、「そうね。羊は私たちのことですものね。羊たちとは、すべての時代、すべての国の人々のことです。

写真①　祭壇を囲む羊たち

では、人と交換しましょうね」と、一匹ずつ人間と変えていきます。人間は老若男女で、お年寄りもいれば赤ちゃんを抱いているお母さんもいます。

十匹いる羊の九匹まで交換したら、最後の一匹を変える前に、「羊の中には特別な役割をする羊もいます」と言って、神父さまの姿の人間と交換します。**（写真②）**

「それは、神父さまです。特別な役割というのは、イエス様がおっしゃった言葉をミサの中で繰り返して言うことです。その言葉とは、こうです。

〝これを取って食べなさい。これはあなたがたのために渡される、わたしのからだである。これを受けて飲みなさい。これはあなたがたのために流されるわたしの血である。〟イエス様は私たちにご自身をささげ、ずっと私たちと共にいて、私たちのことを愛していることを伝えたいと思い、パンとぶどう酒の中に今いらっしゃるのです。」

ご聖体の中にイエス様がいらっしゃるというこの事実を、子どもはすぐに受け入れます。幼稚園に来るほとんどの子は、ミサにあずかったことがないにもかかわらず、イエス様が共にいてくださるのだということを、素直に受け入れています。

この教具を紹介された後、子どもが自分で教具に触れ、羊を人間に交換したり、イエス様の言葉を唱えたり、み言葉を書いてみたりして繰り返します。

祈りの時間、「イエス様はどうやってパンとぶどう酒の中に入ったの？」

「何にでも変身できるんですか？」

写真②　人間に取り替えた

「おじいちゃんやおばあちゃんや人々が、助けてもらえますように。」

など、子どもたちがイエス様に話しかけるようなお祈りの言葉が出てきました。

神秘に触れる体験を通して、また、子どもとイエス様の絆が深まったのではないでしょうか。

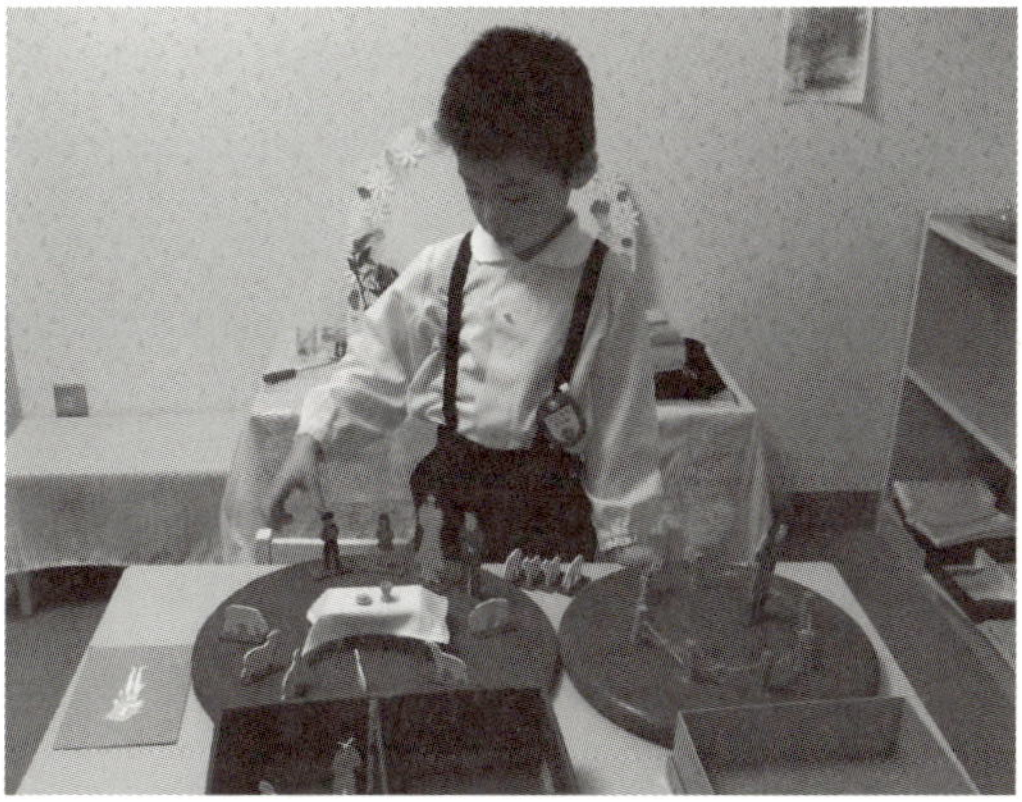

教具でお仕事をする子ども（大濠聖母幼稚園）

民族衣装の人々へと取り替え、世界中の人のためであると伝えることもできます。

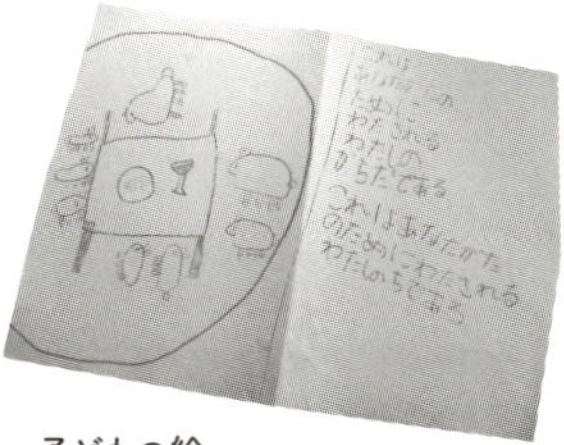

子どもの絵
（湘南白百合学園幼稚園）

3章

子どもの特性

子どもは自分では気づかないで道を教えてくれる
道案内者と呼ばれるのです。

『子どもと教会生活』 マリア・モンテッソーリ

繰り返し

「何のために繰り返すの？」生命衝動に突き動かされる子どもたち

幼児期の子どもと神様との関係は、「恋をするまでの時間」に似ています。

恋の始まりは、まず気になる人との「出会い」からです。最初は出会い、少し興味を持つところから始まり、「一緒にいると楽しいな」「もっと話がしたいな」「また会いたいな」と思って繰り返し会い、話をしたり、何かの出来事を通してより深くその人のことを知るうちに、信頼を深め愛するようになっていくのです。

愛するといつか、「相手を喜ばせたい」「役に立ちたい」という思いが湧いてきて、プレゼントをしたり、行動で表現するようになっていきます。

ところが、私たち大人が子どもに神様の話をする時、子どもが「一緒にいると楽しいな」「また遊びたいな」と思う大切な過程のために、あまり時間をとってあげず、割とすぐに「神様が喜ぶことをしましょう」と、最終段階のところに話を持っていってしまうことが多いような気がします。

確かに聖書のお話をしてあげて、その後すぐに子どもが「イエス様って優しい！私もイエス様みたいにする！」と言ったら、話した大人はうれしくなり、その授業は大成功だったと満足してしまいますし、逆に何の反応もないように見えたら「失敗だったかしら？」と思ってしまうかもしれません。でも、本当にそうでしょうか？

子どもは自由にさせておくと、好きなことは二回三回どころか、十回でも二十回でも繰り返してするものです。

例えば、幼稚園で聖書の「からし種のたとえ話」を書き写して、小さい本を作る活動があるのですが、ある子は一冊作り終わると、「今度はお父さんにあげるのを作る」と言ってまた作り、次は「今度はお母さんにあげるのを作る」と言ってまた作り、「おじいちゃんにあげるのを作る」「赤ちゃんにあげるのを作る」と、何冊も同じ本を作りました。この子は単に、家族が多かったからたくさん作ったのではありません。何度もこの本を作りながら、「神の国はからし種のようである。……」というみ言葉と触れ合うことを楽しんだのです。

またある子は、アトリウムと呼んでいる宗教のお部屋に毎日のように来て、宗教の教具を繰り返し手に取って楽しみます。「ここのお部屋、大好き！」と言いながら通ってくるのを見ると、その子が神様が大好きなのだなと分かります。誰かに行きなさいと言われたのではなく、自分で進んで来ているからです。

「この絵本大好きだから、何度も借りてるの」と、幼稚園の図書にあるクリスマスの絵本を一年中、何度も借りていく子もいます。借りて帰っても、家で読む時もあれば、読まない時もあるそうですが、それでも借りて帰ると、うれしそうにしているのだそうです。こんな時はぜひ、その子のためにその絵本を買ってあげてほしいと思います。その絵本が身近にあると、安心感を得られるところまで、神様との関係が深くなっているからです。

しかしながら大人は、なかなかこのような子どもの「繰り返し」の意義を理解したり、寛大にはなれないものです。同じことばかりでよいのだろうか、もっと視野や知識を広げていくべきではないだろうかと考えたり、このままさせておくのは放任ではないだろうかと不安になったりします。しかし、同じことを繰り返しているようで実は、回を重ねるたびに工夫を凝らしていたり、上達していたりしますし、心の中まで見えないけれど、神様との信頼関係も深まっているのです。

子どもが夢中になって繰り返し、楽しそうに集中しているならば、それを「待ってあげる」ことは消極的な態度ではなく、神様が、いまこの子にとても大切な時間を与えてくれている、この子が達成したと感じる「その時」は、私ではなく神様が決めるのだという「信仰」の姿なのです。

子どもに「なぜまた、これをするの?」と聞くと、迷いもなく「好きだから」「楽しいもん」と答えます。神様に導かれたまま素直にそうしているのであって、そこに計算はありません。大人もこの「繰り返し」を楽しんであげる余裕と信仰を持ち、子どもが繰り返しながらより深められるように、時々ヒントとなる質問を投げかけてあげたりするという援助の仕方をするとよいのです。

たくさん「繰り返し」て、神様といっぱい触れ合い、神様のことが大好きになった子どもは、やがて小学生くらいになると次のステージへと発達が進み、自ら行動に移すようになっていきます。いよいよ「プレゼントをしたい」という段階へと進む時期に移行していくのです。この時が来たら、イエス様ご誕生の話や、たとえ話だけでなく、神様の言葉を生きて示した預言者や聖人の話などを読める本や教材を整えてあげたり、ボランティア活動に参加する機会を得たりして、神の子としての生き方の道を示してあげるとよいでしょう。

お友達が終わるまで、静かに見ながら待ちます。

「今日はこれで４冊目！」
夢中で本を作る年長児

祈り

「神様に、なんてお返事する？」
話しかけてくださるのは、いつも神様が先

幼い子が手を合わせて祈っている姿は清らかで美しく、感動させられるものです。今回は、子どもの祈りについてお話しします。

カトリック幼稚園・保育園では子どもにまず、「主の祈り」や「アヴェ・マリアの祈り」を教えることが多いでしょう。他に、「朝の祈り」「お帰りの祈り」「食前・食後の祈り」などが、日々唱えられていると思います。

一日を感謝の祈りと共に過ごすことは大切はことで、みんなで一緒に唱えることも意味があるのですが、それだけだと子どもが「覚えた言葉を唱えることが祈りなのだ」と思ってしまう危険があります。

祈りとは本来、もっとも個人的なものであり、神との関係のために大切なものです。子どもたちは、心が神様の方へ向くしなやかさを持っているでしょうか。それとも、単に習慣として声をそろえて唱えているだけではないでしょうか。

祈りが神様との会話と考えるならば、まず「祈りましょう」と言うよりも前に、聖書の話を聞くことです。実に、誰にも「祈ること」は教えられないのです。大人が子どもにしてあげられることと言ったら、祈りが湧き上がるための準備をしてあげることくらいなのです。しかもこの準備はなるべく間接的にするべきであって、大人は黒子に徹し、後は子どもに任せることです。

神様からの語りかけである聖書の話が、豊かで生き生きとした形であればあるほど、子どもは喜びと驚きをもってそれを受け取り、語りかけに対する返事である祈りもより心から出たものになっていくでしょう。しかし、聖書のお話のされ方が分かりにくかったり、感動のないものだと、祈りもまた貧弱で色あせたものとなるのです。

私の失敗談ですが、幼稚園でクラスの担任をし始めた頃、祈り方を教えようと思い、朝の祈りを私が作って唱え、子どもたちに繰り返させていました。ところが、自分では気づかないうちに同じような祈りばかりを言っていたようで、朝のお祈りの当番を年長児にしてもらうことにすると、私の真似をして毎度のように、「神様、今日もお天気にしてくださって、ありがとうございます」とか、「今日は〇〇〇ちゃんがお休みですが、早くよくなるようにしてください」とか、「〇〇〇で災害がありました。みんなを助けてあげてください」というような祈りばかりなのです。私は自分がお手本のつもりでいたのですが、子どもの祈っている言葉を聞いた時、心の底から出ているのではなく、頭で考えた祈りになってしまっていると気づきました。

しかし、モンテッソーリの宗教教育を実践し始めてから、聖書のお話をした後に、祈る時間を設けることにしました。すると、今聞いたイエス様のお話に対して感じたことが、祈りの言葉としてどんどん出るようになりました。

例えば「見つけた羊」のたとえ話を聞いた後、「お友達がいないとさみしいです。」「羊たちはおりこうにお留守番していましたか？」「見つけてくれて、ありがとう。」「神様がいつも僕のことを守ってくれていることを、思い出しました。」「イエス様も悲しい時、誰かに助けてもらったの？」など、子どもにしか祈れないような素直な言葉が表現されるようになったのです。

子どもは大人のように長い文章では祈りません。しかし、短いと思われるフレーズであっても、子どもなりにたくさんの気持ちがこめられていると感じられますし、奥の深さを感じることが多々あります。また、無言で言葉には表れなくても、それもまた祈りである時もあります。

心がしなやかになってからは、あえてお手本となる祈りを与えることができます。良い羊飼いのたとえ話をした後、「昔、このように祈った人がいたのですよ」と言って、詩編23章の、「主はわたしの羊飼い、わたしは乏しいことがない」という言葉を引用して紹介し、一緒に唱えます。本当に短い祈りですが、だからこそ子どもに合っているのです。もちろん年齢が上がれば、さらに詩編のその続きも付け加えて紹介することができます。

この詩編23を書いたカードを、保育室のお祈りコーナーに置いていた時、一人の年中児がお祈りコーナーに自ら来て、ろうそくに火をつけてもらい、神秘的なろうそくの火をじっと見て黙想したり、詩編の祈りのカードを見て心で唱えたり、聖歌の歌詞が書かれたカードを見たりして、30分以上もずっと祈っていたことがありました。クラスの中には、たくさん子どもたちがいて雑音もあるのに、まったく気にせず神様と二人きりの時間を過ごしている姿は、神秘的で忘れることができません。

「子どもが神の秘密を受けとる純真さは、私たちの精神的態度の模範として示されるものです。またこの意味で、子どもは自分では気づかないで道を教えてくれる道案内者と呼ばれるのです。」（『子どもと教会生活』マリア・モンテッソーリ著より）

「祈り」は、誰かが子どもに教えるものではなく、子どもが示してくれるものなのかもしれません。

「天の国とからし種」のたとえ話を聞き、
実際に小さな種を見た後、心の中で祈る年少児たち

お祈りコーナーで
30 分以上も過ごした年中児

詩編 23 の言葉のカード

静粛のレッスン

「何か聞こえる？」自分の中の内なる声への気づき

私はローマでカテキスタのコースに通う前の年、ペルージアにあるコースで三歳から六歳のためのモンテッソーリ教育を十カ月勉強しました。そのコースで、最後の方の時期に教えていただいたのが「静粛練習」です。

静粛というと、元気いっぱいの子どもとは無縁のものと感じるかもしれませんが、実は子どもは静粛が好きなのだということを、マリア・モンテッソーリは発見しました。ある日、生後四カ月の赤ちゃんをお母さんから受け取って抱いた彼女は、その子の静かな様子を見て感動し、子どもたちに冗談交じりに、「あなたたちの誰も、こんなにそうっと息をすることはできないでしょう」と言ったのだそうです。すると、子どもたちは驚き、身じろぎもせず息をこらし、いつもは聞こえたことのない時計の時を刻む音が聞こえてきたと、『幼児の秘密』という本に書かれています。子どもは自分たちで「印象深い静けさ」をつくり出したことを喜び、その後も、この「静粛遊び」をしようと頼むようになりました。このように自然発生的に生まれた「静粛練習」は強制的にさせられるものではなく、子どもが自発的にしようとする遊びのような楽しいことだったのです。

この練習は子どもが落ち着いた状態の時に輪になって座り、目を閉じてリラックスして行います。しばらく静かにし、鈴が鳴ったら目を開けるという簡単なことから始め、徐々に聞こえてくる環境の音に耳を傾けるように言っておき、目を開けた後に、何が聞こえたか尋ねていきます。「隣のクラスの歌声」「鳥の声」「車の走る音」など、自分の動きを自分で抑制し、意識を外に向けると、これらの音が聞こえてくるのです。また、わざと先生が紙をまるめる音をたて、子どもたちに当ててもらうゲームをすることもできます。

静粛には、瞑想的側面もあります。このコースのパオリーニ先生が「静粛練習」を子どもたちとした後に、ある子どもは「春の足音が聞こえた。」そしてもう一人の子は「私の中で神様の声が聞こえた」と言ったそうです。静粛の中にあって耳を澄ますと、いつか自分自身の内なる声にも気づいていきます。この内なる声を聞き始める時、意志はさらに発達して、目に見えない偉大な存在に対する従順さすら示し始めるのかもしれないと、パオリーニ先生はおっしゃっていました。

私がペルージアのコースで、この「静粛練習」を習った時期は最後の方だったと言いましたが、それには意味があります。モンテッソーリの愛弟子であったパオリーニ先生は、生徒である私たちに教えるのに適した時期は十カ月の勉強の後、十分に成長した頃であると考えられたのです。なぜなら、これはうるさい子どもたちを静かにさせるための子どもだましの練習ではなく、子どもが自分を高め、より高い喜びを味わうこと、まだ知らない水準に達することを期待し導いてくれる先生に従いたいと欲することだからです。ですから、生徒の精神性、また先生との信頼関係が深くないうちにすることはできないわけです。

人間は、つい自分の思いが勝ってしまい、自己中心的な行動をしてしまうものです。しかし、自分という小さな世界の中にいるだけで幸せは得られず、導いてくれる人との出会い、共同体との心の一致があってこそ完成に向かいます。

この「静粛練習」は、全員が静かにしないと成功しない遊びです。誰かが一人でも、違う行動をしたら成り立ちません。友達の心理をくみ取り、心を一致させ、団結する力が必要です。また、何が起こるのかよく分からないけれど、この先生に従うとすごいことができるようになりそうだと期待し、従順になるということは、意志の発達における最後の段階であり、師匠と弟子との関係のようです。

ペルージアのコースでは、講義を聞く教室の他に、私たち生徒が教具を扱う練習をするため、古い教会を使わせてもらっていました。その時はもう、教会としてミサを行うことはなく、祭壇があった場所に聖母子の絵が飾られていました。「静粛の練習」を習ったのは、この場所でした。生徒たちは椅子に腰かけ、瞑想に入り、先生が名前を読んだら香部屋に使われていたらしい小さな部屋へ移動するようにとのことでした。一人ずつ名前を呼ばれ、そのたびに移動していきます。終わってから、先生が「この聞こえるか聞こえないほどの小さな声で呼ばれ、その声に気づいた人が〈はい〉と答える気持ちで指示に従う。これは神様の声に気づき従うようなことにもつながる、とても意味深いことなのですよ」とおっしゃいました。私は感動し、もっと深く知りたくなり、授業の後、話を聞きに行くと、「これから先は、ローマの宗教コースで学ぶとよいですよ」と教えてくださいました。

　こうして宗教コースも行くことに決めたのですが、今あらためて人間の行動と意志についいて考えさせられます。神様に造られた私たちは、この世界の中で人々とどのようにして生きていくべきか、その導きをしてくださる方は、どなたなのか。モンテッソーリがその教育の中で、最終目的とした「平和教育」は、人との違いを理解し、尊重することから始まっていくのです。

いつも聖母子画に見守られ、練習をしていました。

丘の上にあるペルージアの町。城壁に囲まれ、今でも中世の雰囲気が残ります。

マリア・アントニエッタ・パオリーニ先生。私たちはパオリーニ先生から授業を聞くことができた最後の学年でした。

モラルについて

「神様、大好き！」始まりは神様の大きな愛に出会うことから

日本ではカトリックの幼稚園や学校であっても、信者の園児や生徒はほんの数名、保護者の方もキリスト教についてよく知らないということがほとんどです。しかし、それにもかかわらず、幼稚園で神様のお話をすると子どもたちはとても喜び、保護者の方もわが子のその様子を見て感銘を受けるのです。子どもや保護者の方が神様に出会って喜んでいる姿を見るのは、私にとっても感動的な出来事です。そして、今まで何度もこの感動的な喜びに立ち合わせていただきました。

どうして宗教的なことが身近ではなかった子どもたちが、幼稚園でお話を聞くことで神様が大好きになるのでしょうか。それはおそらく、六歳までの子どもたちがいちばん関心を持っている「保護愛」についてのお話だからです。子どもたちは良い羊飼

いの絶対的な愛に驚き、私たちのことを守ってくださる神の国がとてもすばらしいものであることに感動し、神様がイエス様という光の贈り物を私たちにくださったことを知り、明るい未来まで神様が計画してくださっていることを知り、希望を持つのです。

今、食育が重要視されていますが、私は最初、それがなぜなのか、よく理解できませんでした。命をくれるものへの感謝の気持ちとして「いただきます」、食事を用意してくれた人への感謝として「ごちそうさまでした」、体の健康と同時に心と人間性を育てるなど、いろいろ言われますが、なぜ今さら?と思ったのです。しかし、現代社会では愛情を込めて食事や環境が用意されていない事例がいかに多いかを知った時、当たり前ではない時代になっているのだ、あえてまた、食育の大切さを言わなくてはならないのだ、ということを理解しました。

食育にもいろいろな方法があるのでしょうが、どうやら〈嫌いな物を残しても、好きな物をおいしく食べる経験の方が大事。頑張って食べようね、と励ますばかりでは嫌な記憶として残ってしまう〉という考え方もあるそうです。これは悪い習慣を放っておくという意味ではなく、おそらく子どもがその時欲している物を、良いタイミングで与えるという意味ではないでしょうか。そうであるなら、共感できる部分があります。私は娘が小さかった頃、好き嫌いをしないようにしつけようと厳しく言っていた時がありました。すると、ある日、「いただきます」と言った途端、娘がため息をついたのです。目の前に、食べたくない野菜がノルマのように待っていたからです。このため息には私もさすがに反省し、少し方法を変えました。今はまだ好き嫌いが幾つかあるけれど、食事をしたりお料理することが大好きな子に成長し、時々嫌いなものも挑戦して食べたりして驚かされることがあるので、これで良いかなと思っています。

「これを食べると栄養があるのだから、嫌いでも頑張って食べなさい」と言うように、私たちは子どもに神様のお話をする時、「良い子になるように、神様に感謝をしなければなりませんよ」とか、「神の子となるために、良い行いをしないといけませんよ」と言っていないでしょうか。神様の愛は、こうしないと愛してくださらないという条件つきの愛ではないのに、大人は時折、子どもを恐れさせるような言い方をしてしまいます。しかし、幼児期に良い羊飼いのような大きな保護愛に触れたならば、恐れることなく喜んで神様と過ごすことができるのです。良い羊飼いの愛は、たとえ扱いにくい羊であっても助けてくださる尽きることのない愛です。子どもたちは成長して児童期になった時に、自発的に、「どう行動するべきか」「どう生きるか」を考えるようになっていきますが、この愛を知っている子どもは年齢を隔てて自分の不十分さも偉大な恵みとして受け入れていくのです。

モラルの形成という視点から言っても、幼児期に神様の限りなく大きな愛に出会うことはとても重要だと思われます。逆に言えば、幼児期に早急にモラルを与えるのは意味がないとも言えます。ソフィア・カヴァレッティ先生の体験では、小さな子どもに放蕩《ほうとう》息子の話を聞かせた時、唯一の質問が、「その豚たちはどうしたの？」だったそうです。子どもたちはその年齢らしい考えを持っただけで、つまり、この年齢は保護愛の時期なので置き去りにされた豚のことが心に残ってしまい、罪や回心についての問題からは完全に外れてしまったのです。

幼稚園でいろいろな教具に触れながら、神様の大きな愛に包まれている子どもたちはしばしば、親に連れられて教会に来る子ども以上に神様との関係を喜んでいるような気がする時があります。ミサの時間、静かにしていなければならないとか、頑張ろうね、とかばかりで先に書いた食育のようなことにならないように、まずはおいしくてうれしい心の糧になるような工夫が、その後の児童期のモラルの形成にもつながっていくのではないでしょうか。

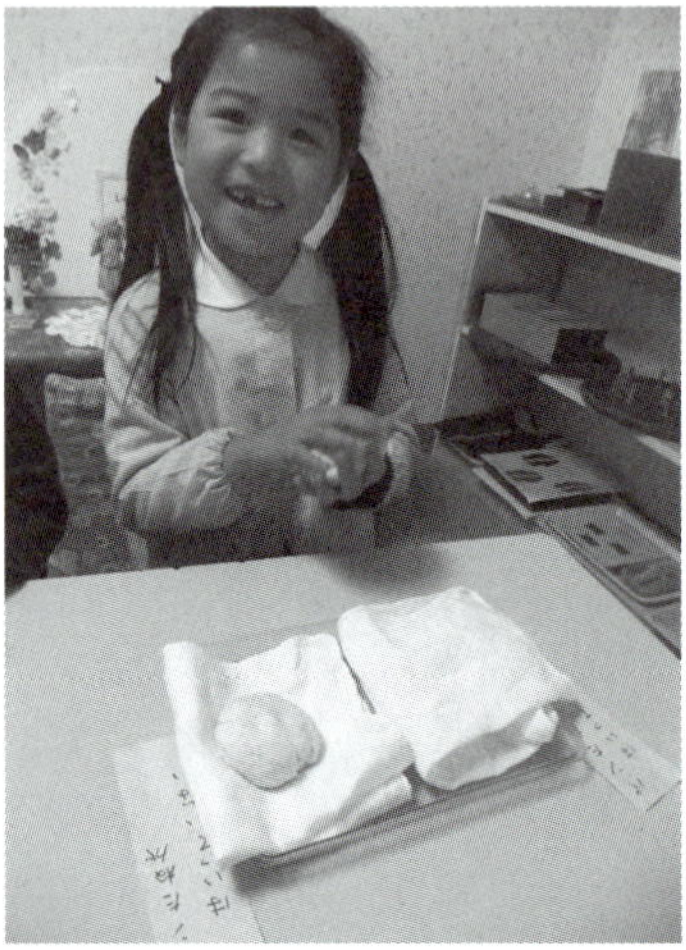

神の国のすばらしい力に触れ、笑顔があふれます。

神様の不思議なみ業に触れたマリア様
とエリサベトが、笑顔に描かれています。

4章
イエス様の幼少期

ひとりのみどりごがわたしたちのために生まれた。
ひとりの男の子がわたしたちに与えられた。

イザヤ9・5

預言のことば

「イエス様のご誕生の前に」神様が教えてくださったご計画

神様はどうやって人間に語りかけるか？　それは、「出来事」を通してです。預言者は出来事の奥の意味を発見し、神様のお考えを理解します。出来事一つひとつは孤立して見えますが、実は神様のお考えによって、それらはすべてつながっています。

当時の人々は預言の言葉を聞いて、いつかきっと救い主が来てくださるのだという期待を胸に、何百年もその日を待ち続けました。私たちが子どもと一緒に、イエス様のご降誕を待つ時も、その預言の言葉を聞きながら待ちましょう。待降節は四週間あるので、毎週一つずつ預言の言葉を知らせていきます。

＊第一週

先生は、「今日から待降節が始まります。イエス様がお生まれになるクリスマスのお祝いまで、心の準備をする大切な四週間です」などと話し、お祈りコーナーのテーブルクロスを子どもと一緒に、典礼色の紫色のクロスに交換して準備します。

「今生きている私たちは、イエス様がお生まれになったことを知っています。でも、イエス様がお生まれになった約二千年前よりも、もっと前に生きていた人々は、いつ救い主がいらっしゃるのか知りませんでした。ところが、たった一人だけ、知っていた方がいます。それは神様です。神様はご自分の計画を人間にも知らせようと、預言者という神様の言葉を聞くことができる人を通して教えてくださいました。そのことが、この聖書に書かれています。**『闇の中を歩む民は、大いなる光を見た』**（イザヤ9・1）。闇というのは、真っ暗なことです。何も見えず、不安ですね。そこに大きな光が現れるというのですから、とても大きな喜びの知らせですね。人々はこの言葉が実現するのを、ずっと楽しみに待っていました。」

このようにして預言の言葉を分かりやすく話し、**「キリスト＝光」**のイメージを強くします。この預言の言葉を書いたカードをお祈りコーナーに置き、アドベントの紫色のろうそく四本のうち一本だけに火をともし、子どもたちを祈りへと誘います。

子どもの祈り「ろうそくの光がともってうれしかったです。」「いつもみんなを守ってくださって、ありがとうございます。」「ぼくの所へも来てくれる?」

＊第二週

「神様は、その光が何なのか、また預言者を通して教えてくださいました。**『ひとりのみどりごがわたしたちのために生まれた。ひとりの男の子がわたしたちに与えられた。』**（イザヤ9・5）光が『みどりご』、つまり赤ちゃんだと初めて知って、人々は驚いたでしょうね。その赤ちゃんは、男の子だそうです。」そう言って、二週目は四本のろうそくのうち二本に火をともし、祈ります。

子どもの祈り「早く赤ちゃんが産まれますように。」「二十五日のクリスマスに、赤ちゃんが産まれますように。」「赤ちゃんのことを教えてくれて、ありがとうございます。」

＊第三週

「その子の名前も教えてくださいました。『**主が御自ら、あなたたちにしるしを与え**

られる。見よ、おとめが身ごもって、男の子を産み、その名をインマヌエルと呼ぶ。』（イザヤ7・14）『インマヌエル』というのは、『神様は私たちと共にいらっしゃる』という意味です。私たちの光になられる方は、赤ちゃんで、男の子で、神様と共にいらっしゃる方。」

ろうそく三本に火をともし、祈ります。

子どもの祈り「神様、神様の子どもをくださってありがとう。」「元気な赤ちゃんが生まれますように。」「早く四本目のろうそくが、ついてほしいです。」

＊第四週

「お生まれになる場所も、神様は教えてくださってましたよ。それは、それほど立派な方が生まれる場所と思えないような、小さなベツレヘムという町でした。『**ベツレヘムよ。あなたはユダの氏族の中で最も小さい者だが、あなたのうちからイスラエルの支配者になる者が出る。**』（ミカ5・1参照）」とうとう四本のろうそく全部に火をともし、祈ります。

子どもの祈り「ろうそくが四本ついて、明るくなりました。」「光が近くに来てくださって、ありがとうございます。」「イエス様が、無事に生まれますように。」

毎週預言の言葉が増え、ともされるろうそくの本数も一本ずつ増え、光が一層強くなるのを見て、子どもはいよいよイエス様がいらっしゃるのだと感じます。この時のわくわくする気持ちはずっと心に残るようで、ある卒園生は、「今でもろうそくを消した時の匂いを嗅ぐと、胸がきゅんとする」と言っていました。

単に過去のことをお祝いしているのではなく、今生きている私たちの所にイエス様が来てくださるのを待つことは、喜びをより大きなものにします。そして、もう少し大きくなると、「イエス様が来た、来ている、**来るだろう**」という希望にも、つなげられるようになっていくでしょう。

子どもの活動

第一週から四週の預言の言葉

待降節のお祈りコーナー

ジオラマ

1．お告げ「神様のお言葉どおりになりますように」マリア様のお返事

クリスマスに飾る「馬小屋」を、イタリアでは「プレゼピオ」と呼びます。プレゼピオが始まったのは、イタリアのナポリだと聞いたことがあります。子どもだけでなく、貧しさから大人でも字を読むことを学べずにいた人もいたような時代でした。自分では聖書を読むことができない、そのような人々のためにも、イエス様のご降誕のシーンを人形で表した「プレゼピオ」が作られ、教会だけでなく町中に飾られました。

日本ではクリスマスシーズンでも、町にご降誕の人形が飾られているのを見たことがほとんどありませんが、私がローマにいた頃はテルミニ駅という終着駅にも、大きなプレゼピオが毎年飾られ、たくさんの人が足を止めて見ていました。それはたいがい、馬小屋に聖家族や羊飼い、天使などがいるだけではなく、周りはお肉屋さんから花屋

さん、鍛冶屋さんなど、あらゆる職業のお店と人々が飾られていて、とても賑やかです。イエス様の誕生はこのようにすべての人々のためのものだ、ということを表しているのだそうで、ローマのナボナ広場ではこの時期、ドールハウスのようなミニチュアがたくさん売られるクリスマス市が恒例で、毎年少しずつ買い足していくのを楽しみにしている人々で賑わいます。先生のお宅に伺った時、「今年はエリサベト訪問のシーンも作ったのよ」と言って、人形に自分で粘土で細工をして、妊婦さんらしくした大きなお腹のマリア様とエリサベトを見せていただいた時は、日本人の感覚とは違う自由な発想に驚き、またクリスマスを迎えることをこのように楽しんでいる様子に感心したりしました。

ローマのある教会は、ご降誕だけではなくイエス様の一生が、人形のジオラマで作られているものがあります。一場面ごとにショーケースで区切られ、地下に一年中展示されているのです。中には「マリアとヨセフの婚礼」のシーンや、「ベツレヘムでの人口調査」のシーンもあり、絵画と違って立体的な迫力に、見ながら「こんなだったのかな」と想像が膨らみます。

プレゼピオやこのようなジオラマからヒントを得たのでしょうか。子どもにイエス様の幼児期のお話をするために、ジオラマの教材が作られました。

教材は全部で六シーン。「お告げ」「エリサベト訪問」「イエスの誕生　羊飼いの賛美」「神殿での奉献」「博士たちの賛美」「エジプト避難」です。

絵本や聖劇では、お告げから始まり、止まることなく博士が来るところまで話が続いてしまいますが、この教材では一つひとつの出来事をゆっくり、深く掘り下げて見られるのがすばらしいと思います。


子どもにお話する時、まず「預言の言葉」（第四章・七二ページ）を振り返り、「キリスト＝光」のイメージを思い出します。そして、「とうとう、人々が待ち望んでいた光がやって来ました」と、話し始めます。

「ある日、神様がナザレという町に住む乙女マリアの家に、大天使ガブリエルを遣わされました。天使はマリアのところへ来て、こう挨拶しました。『おめでとう、マリア。恵みに満ちたお方！　主はあなたと共においでになります。』マリアは何のことか、分かりませんでしたし、天使が現れたので驚き畏れました。すると、天使は言いました。『恐れることはありません。あなたは、神の恵みをいただくからです。あなたは身ごもって、男の子を産みます。その子を、イエスと名付けなさい。』イエスとは？　イエス様の生まれたイスラエルの国の人の名前で、〝救い主〟という意味です。

そしてまた、こう言いました。『それは偉大な方で、いと高きものの子と言われます。』〝いと高きもの〟とは？　神様のことです。つまり、〝神の子〟だということです。どうして人間であるマリアから、神の子が生まれるのでしょう？　マリアは不思議に思い、『どうして、そうなるのですか？』と聞くと、天使は『聖霊があなたのところに来て、だからそうなるのです』と答えました。聖霊とは、神様が送る力のことです。そして、『神様にできないことは、ありません』とも言いました。マリアはこのお告げを聞き、どう思ったでしょう？　とても喜びました。そして、こう答えました。『私は主の召し使いです。あなたのお言葉どおりになりますように。』

分かりやすく話をした後、聖書の原文を読み、ジオラマの人形を動かして見せます。天使が去った後、屋根の上に聖霊を表す炎を乗せます。そして、「聖霊が来て、マリア様は身ごもられました」と話すと、小さい子には理解が難しいのではないかと思う〝聖霊〟も、すぐに身近な存在になってしまうから不思議です。お話の最後に、屋根に聖霊を乗せることが、子どもたちは大好きです。

お話を聞いた後、子どもたちはアトリウムで何度も活動をします。何度もしている子でも、私は必ずちょっと質問をしてみます。ある時、年長の女の子に、「マリア様はどんな方?」と聞くと、勘違いをしていたようで「神様」と答えたので、「違うよ。マリア様は人間なのよ」と言うと、とても驚いて、「うそ! じゃあなんで、神様の子どもが生まれたの?」と言いました。そこで、一緒に聖書をもう一度読み、「神様にできないことはない」という言葉をかみしめたのです。

ジオラマ

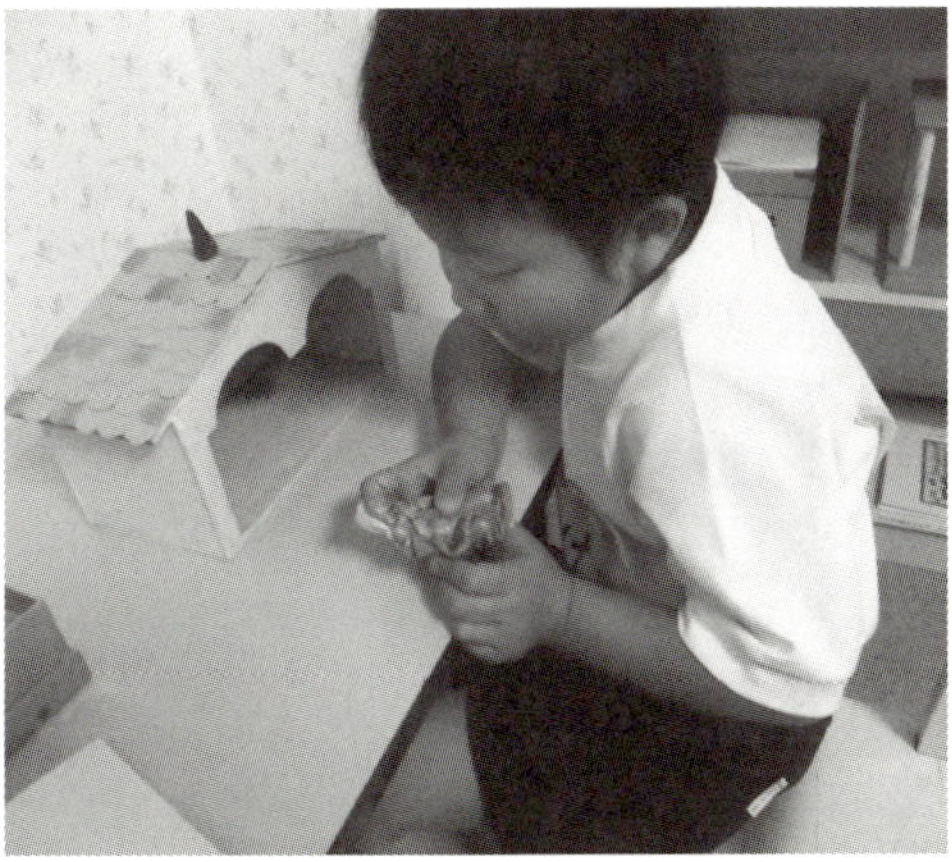

表情を見て、「何の挨拶だろうと、マリア様が考えてる」
とつぶやく年中児。

ローマにあるBasilica dell'Immacolato
Cuore di Mariaに展示されているジオ
ラマのひとつ「ヨセフとマリアの婚礼」

「お告げ」聖霊が来て、
マリア様が身ごもられました。

2．イエスの誕生　羊飼いの賛美
「あなたなら、どうする？」自分に置き換えて考える

いよいよ、待ちに待った救い主の誕生です。教会でも幼稚園でも家庭でも11月末からクリスマスを迎える準備を進め、この時期には子どもたちの心は、期待と喜びの恵みでいっぱいになります。イエス様のご誕生には大きな意味がたくさん含まれていますが、特に何を子どもたちに伝えたいでしょうか。たくさんのことを伝えたいと思うあまり、つい多くの言葉や物であふれかえってしまいそうになります。

『イエスの誕生　羊飼いの賛美』というジオラマの教具は、「ルカによる福音書」2章1－20節についての話で、人口調査からご降誕、羊飼いに天使が告げ知らせ、それを聞いた羊飼いたちが賛美しに行くところまでの場面です。先生が聖書を読み、人形で再現した後、質問形式で話をしながら振り返り、その教えの要点を絞っていきます。

一つは、神の肉体化の神秘。もう一つは、その子は本当の人間で本当の神である、ということです。子どもには難しい神学のように感じるこれらも、「しるし」を使って話すとすんなりと子どもの心に入るから不思議です。

聖書の言葉を分かりやすく話し、聖書を読み、人形で動かして見せた後、「マリア様はお生まれになった赤ちゃんのイエス様を、布で包まれましたね」と話します。そして、「みんなも生まれた時に、布で包んでもらったかしら?」と子どもたちに聞くと、「うん、お洋服着せてもらってたよ」などと答えるので、「イエス様もわたしたちも、赤ちゃんで生まれた時は同じね。」「人間はみんなそうね」と話し合います。

今度は、「イエス様がお生まれになった時、最初にそのことを知らされたのは誰だった?」と聞くと、「羊飼い。天使が知らせたんだよ」と思い出すので、「では、私たちが生まれた時も、天使が空で歌って羊飼いが賛美に来た?」と聞くと、みんな「来てないよー!」と言って笑います。「なぜ、イエス様がお生まれになった時だけ、そんなすごいことが起きて、羊飼いが来たりしたのかしら?」と聞くと、「イエス様は神様だからよ!」と当然のことのように答えます。そこで、「そうね。イエス様は、本当の人間で、本当の神様なのよ」としっかりと伝えます。

そして、もう一つ。イエス様の幼児期のお話は全て、単に「過去にこんなことが起きました」というだけではなく、今も私たちのところに来てくださっていることを伝えるために、必ず最後に、「あなただったら、どうする？」と聞きます。

『お告げ』の時には、「マリア様は、神様のおっしゃるとおりこの身になりますように、とお返事したけれど、もしあなたがマリア様のように、神様のご計画を手伝ってと言われたらどう答える？」と。

『イエスの誕生　羊飼いの賛美』の時には、「羊飼いは天使に救い主が生まれたことを知らされた後、すぐに行って拝みました。もしあなたが羊飼いのように、神様の使いの天使から何か伝えられたら、同じようにすぐに行く？」と。

「あなただったら……？」と聞かれると、子どもたちは少し驚いたような表情をして、そして考えます。「本当にできるかな？」「ちょっと大変かも。」「でも、聖書の人々のように勇気を出してみようかな。」おそらく、そのようなことを心の中で考えるのではないでしょうか。

「分からない」と答える子もいます。でも、少し間を置いてから、「自分もそうする！」と答えた時の子どもの顔は、決意と希望で輝いています！

話し合いが終わってから、祈りの言葉で心を神様に伝えます。

「イエス様が生まれて、うれしい。」

「私たちのために生まれることが、うれしかった。」

「生まれたら、苦しい生活をしている人を助けてください。」

「ドキドキ、わくわくする。」

「みんなを救ってくれて、うれしいです。」

「アドベントの四本目のろうそくがついて、もうすぐクリスマスです。イエス様が無事に生まれますように。」


神様が私たちを救うためにイエス様を送ってくださったことを喜び感謝し、今を生きる私たちも、マリア様や羊飼いたちが答えた姿に倣い、実現していこうとする、それが本当のクリスマスの迎え方ではないでしょうか。子どもの祈りを聞くと、子どもたちがクリスマスを迎えることによって大きく成長しているのがよく分かります。私たち大人も清らかな子どもの心を見倣い、恵み豊かなクリスマスを迎えたいと思います。

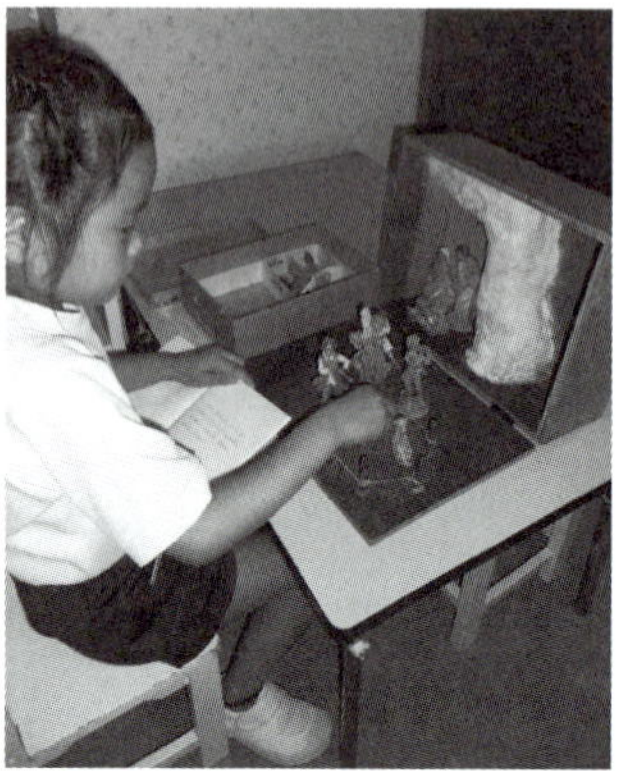

聖書を読み、人形を動かす年長児。
クリスマス前だけでなく、一年中いつでもできます。

子どもの自由画

ジオラマ「イエスの誕生 羊飼いの賛美」の教具

3．博士たちの賛美
「黄金、乳香、没薬」イエス様は、王・神・人

「イエス様の誕生　羊飼いの賛美」のお話の次は、「博士たちの賛美」（マタイ2・1–12）です。

東方の三人の博士というのは、イスラエル国外の東方という意味で、つまりイスラエルの人々のようなユダヤ教ではなく、異教徒だったそうです。イエス様の救いは、イスラエルの民だけでなく、世界の全ての人々のためである、このことを子どもに分かりやすく次のように話します。

「イエス様がお生まれになった時は、誰がお祝いしに来た？」「羊飼い。」

「羊飼いには、誰がイエス様のご誕生を知らせた？」「天使。」

「そう。神様の使いである天使が、羊飼いに知らせ、しるしを教えたのだったわね。」

「では、博士たちの所にも天使が知らせに行った？」「ううん。星が知らせた。」

「神様の民と言われていたイスラエルの人々には、神様の使いの天使が知らせたけど、違う国の違う宗教の人々にも、自然のものである星を使って、神様は同じように

イエス様のご誕生を知らせ導いたのね。」

幼稚園の子どものほとんどは、キリスト教の信者ではありません。私の周りにも、信者でない人がたくさんいます。それでも、同じように神様は救いを知らせてくださる、これはとてもうれしい知らせです。私の大切な人々にも、聖書の言葉という直接的なメッセージではないかもしれないけれど、自然やその他の何かを通して福音は伝わることがあるのです。この神様の偉大さを知って、私はイエス様の幼児期の話の中で、「博士たちの賛美」がいちばん好きな箇所になりました。

また、三人の博士の持ってきた贈り物は、イエス様がどんな方なのかを表しています。

「彼らはひれ伏して幼子を拝み、宝の箱を開けて、黄金、乳香、没薬を贈り物としてささげたと聖書に書いてあるけど、黄金って何か知ってる？　金のこと。王様は金の冠をかぶってるでしょ？　あなたは神の国の王様です、という意味を込めて、博士は黄金をささげました。」

「それから、乳香って何かな？　良い香りのするお香のようなもので、これは普通神様にささげるものなのです。イエス様は神様でしょ？　だから、博士は乳香をささげました。」

「没薬は？　お薬のようなものです。お薬って、人間が使うものよね？　イエス様は人間としてお生まれになったので、博士は没薬をささげました。」

「博士たちの贈り物。それは、イエス様は天の国の王様で、神様で、人間です、ということを表しているのですよ。」

黄金・乳香・没薬という聞き慣れない言葉もその意味も、何度も繰り返して話しているうちに、子どもの中に浸透していきます。


子どもにはこれら二つを教えの要点として話し、教具を使って繰り返していきますが、この聖書の箇所には、実にさらに深い意味が隠されています。とても感動した箇所なので、大人の楽しみとして子どもには話さない箇所まで今回は紹介してみます。

マタイはこの話の中で、旧約聖書を引用しています。博士たちがヘロデ王の所に、メシアが生まれた場所を尋ねに行った時、集められた祭司長たちや律法学者たちが言った言葉です。「ユダヤのベツレヘムです。預言者がこう書いています。

『ユダの地、ベツレヘムよ、お前はユダの指導者たちの中で、決していちばん小さ

いものではない。お前から指導者が現れ、わたしの民イスラエルの牧者となるからである。』」（マタイ2・5−6）

しかし、実際に引用された旧約聖書のミカ書5・1を見ると、こう書いてあります。「エフラタのベツレヘムよ。お前はユダの氏族の中でいと小さき者。お前の中から、わたしのためにイスラエルを治める者が出る。」

マタイは〝引用の自由〟を使って、「いと小さき者」を「決していちばん小さいものではない」と書き換えています。これは、本文に不実なわけではないし、ベツレヘムが大きくなったのでもありませんが、主イエス・キリストが生まれたことによりその価値が変わったという、その時の状況を見て言っているのです。

このように、聖書を書くということについては自由が与えられています。その真の意味へと近づく自由であり、時には今見たように、奥底へと進むためには逆に見えるようなことを言うことさえ許されるのです。

私はこれを知った時は宝を探し当てたような気分になり、他にもこんなおもしろい引用がないか探してみたくなったものです。子どもの時は、物語のように聞いていただけだったけれど、聖書には実はこんな深いおもしろさがあったのだと感激しました。

「神のみ言葉は、読む人によって育っていく。神のみ言葉は、歴史の光によって育っていく。つまり、神のみ言葉は固定されたものではなく、み言葉は生きていて、歴史と共に育っていき、歴史がみ言葉を照らすのです。」

これは、ローマの授業での先生の言葉です。私たちは子どもと共に、どのように神のみ言葉を育てていくことができるでしょうか。

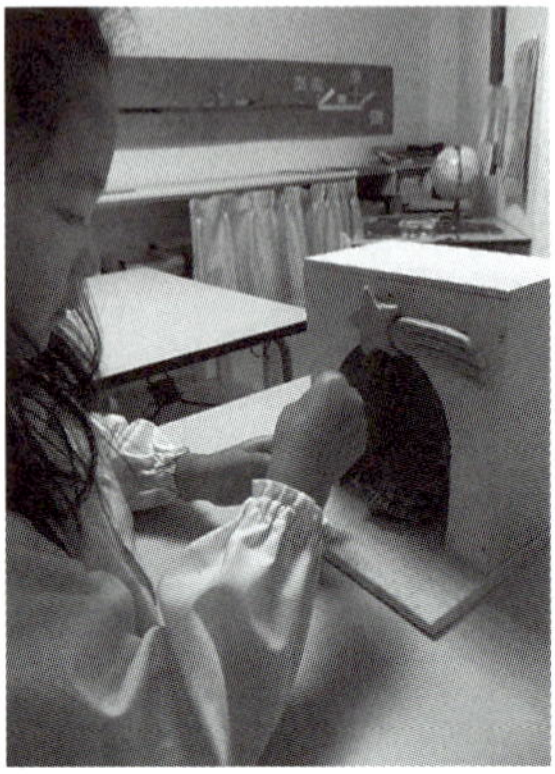

星も取り外しができる教具

星に導かれて博士が
たどり着きます。

絵を写したりして、本を作る副教材

4．幼少期の総合
「大きな光はどこへ行った？」イエス様は救いの光

ここまでで、「お告げ」「イエスの誕生　羊飼いの賛美」「博士たちの賛美」というイエス様の幼児期の出来事のジオラマの教具について書いてきました。

幼稚園の子どもたちには、年少さんと年中さんの時にこの三つを紹介します。そして年長さんになると、これらに加えて「マリアのエリサベト訪問」（ルカ1・39－56）、「神殿での奉献」（ルカ2・22－33、36－39）、「エジプトへの避難とナザレに帰る」（マタイ2・13－15、19－23）もお話しします。

「マリアのエリサベト訪問」では、マリア様が神様を賛美していること、エリサベトのお腹の中の赤ちゃんによってもこの子どもが神であることが確かめられることを教えの要点にしています。

「神殿での奉献」では、シメオンによってイエス様が人々を照らす光であることを証言されることを……。

「エジプト避難とナザレに帰る」では、父である神様は摂理のある方で、特別な方法によって御子を見守っていらっしゃること、またヨセフはイエス様の守護者であることを見ていきます。

さてこのようにして、子どもたちはこれら六つのシーンを二～三年かけてアトリウムで繰り返しながらじっくり触れた後、最後にジオラマを全て並べて見ます。そして「光」をテーマにして見ていきます。

まず、4章のはじめでも書いた「預言のことば」を、子どもと一緒に思い出します。「『闇の中を歩んでいた民は、大きな光を見た。』（イザヤ9・1）この預言のことばを覚えていますか？　イエス様がお生まれになる前は、人々は苦しく闇の中のような気持ちで生活していて、救い主が来られるのを今か今かと待っていたのでしたね。その光は預言のとおり、この世に来ましたか？　そう、とうとうその光が現れる時が来たのでした。」そう言って、ろうそくに火をつけます。

「それはいつですか？」そう尋ねると、子どもたちは並んでいる六つのジオラマを見て、「イエスの誕生の所じゃない？」と言ったり、「お告げかな？　だって天使が来て、神様のお母様になるって言ってたもん」などと、意見を言います。

「そうでしたね。大天使ガブリエルはマリア様の所へ来て、そう言ったのでしたね。マリア様が『お言葉どおりになりますように』と答えたので、聖霊が来てマリア様に赤ちゃんが宿ったのでした。これが預言で言ってた大きな光が来た最初でした。」

ろうそくをお告げのジオラマの教具の前に移動させて置きます。「こうして光が来ました。」

「その後、光はどこに行った？」「マリア様のお腹の中にいて、エリサベトさんの所へ行った！」「そこでどんなことが起きた？」「エリサベトさんのお腹の中の赤ちゃんが躍った！」『神様のお母様になられるかたが、来てくださるなんて！って喜んだ。』「そうでしたね。マリア様もとても喜んで、神様を賛美するお祈りをしました。」

ろうそくをエリサベト訪問の教具の前に移動させます。

「その後、光はどこに行った？」「ベツレヘム！　そこでイエス様が生まれた。」「そして、羊飼いが見に来た。」「そう、最初にイエス様を拝みに来たのは羊飼いでしたね。」

ろうそくをイエスの誕生のジオラマの教具の前に移動させます。

「その後、光はどこに行った?」「神殿! シメオンに会った。」「では、シメオンがその時なんと言ったか、もう一度聖書を読んでみますね。『これは万民のためにととのえてくださった救いで、異邦人を照らす啓示の光……。』シメオンもイエス様のことを〝光〟と言ってましたね。」

ろうそくを神殿での奉献のジオラマの教具の前に移動させます。

「その後、光はどこに行った?」「博士たち! 博士たちが来たよ!」「そうね。博士たちはイスラエルの国の人だった?」「ちがう! 遠い国の人。」「そう、遠い別の国の人たちでした。この光はイスラエルの人々だけのためではなく、世界中の人々のためのものでした。」

ろうそくを博士たちの賛美のジオラマの教具の前に移動させます。

「その後、光はどこに行った?」「ヘロデ王に殺されないように、エジプトに行った。そして、ヘロデ王が死んだら戻ってきてナザレに行った。」「そう。ヘロデ王によってこの光は消されそうになりました。でも、神様がちゃんとヨセフ様に言って守ってくださったから、消えずにすみましたね。」

ろうそくをエジプト避難のジオラマの教具の前に移動させます。

「そして、その後、光はどこへ行った?」すると、子どもたちは考え込みます。目の前に並んだジオラマは、もうすべて終わってしまったからです。しばらくいろいろ意見を出し合っていると、「世界?」と言う子が出てきます。「そう。この光はその後、二千年もたっても消えることなく、今ここにいる私たち一人ひとりの所に来ています。みんなの心の中に、この救いの光が来ているんですよ。」そう言って、見ている子どもたち一人ひとりのそばにろうそくを持っていってあげます。すると、二千年も前の光が今、私の所に来ている!という驚きと喜びで顔が輝きます。

感動に浸りながら、その後、子どもから出てきた祈りの言葉です。

「私たちの所に、ずっと消えない光が来てくれて、ありがとうございます。」

「最初は光がなかったけど、光が来てくれてうれしかったです。」

「神様の光は、なんで消えないのかな?」

光であるイエス様は昔の話ではなく、今を生きる私たちのためのものであることを知り、いろいろと思いめぐらす貴重な時間を過ごしているようです。

ジオラマの総合

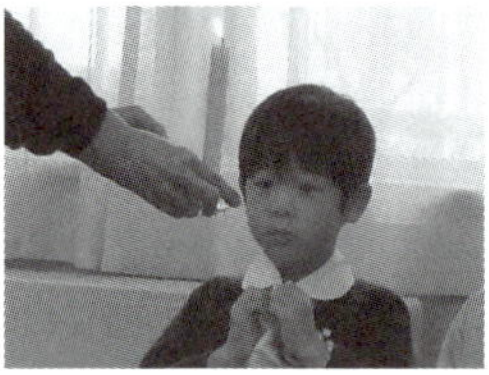

イエス様の光は、今私のところへ！

エリサベト訪問

神殿での奉献

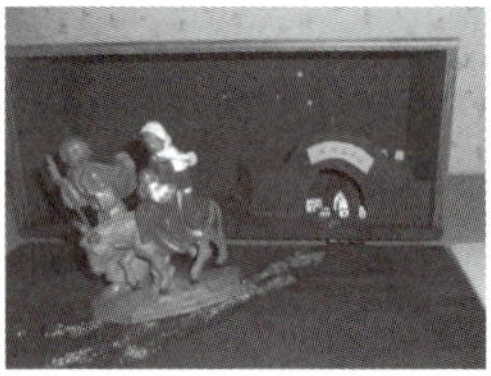

エジプト避難　ナザレに帰る

イスラエルとは？

「地球儀のどこかな？」イエス様のお話は実際の出来事

「クリスマス」というと一年のうち特定の時期だけしかお話ししないかもしれませんが、クリスマス直前の待降節だけではなく、もっと前の時期からでもいろいろな準備をすることができます。

子どもたちは毎年のようにクリスマスをお祝いしているので、マリア様の受胎告知、ご降誕、また東方の博士たちのお話の中に出てくる、幾つもの地名にも触れています。また、クリスマスの出来事だけでなく、ご復活の話にも地名が出てきます。

アトリウムのお部屋には、イスラエルの国の名前や町の名前を、地球儀や地図で確認し、何度も聞いたことのあるお話の出来事をより具体的に理解するのを助ける教具があります。それが、イスラエルの地理と呼ばれるものです。

モンテッソーリ教育の特徴として、まず大きい概要から理解し、次第に細かいことを知るように導くという方法があります。

地理も、導入はまずは地球儀から。最初は日本がどこにあるか確認してからイスラエルを探しても良いでしょう。地球儀で位置や大きさを確認したら、次にイスラエルの国の模型を紹介します。地中海沿いに位置し、南北に細長く、山があり、川があり、湖がある。周りは違う国に囲まれている。そのようなことが、小さい子でも見て感じ取れます。そして、イスラエルの国の地図を見ます。イエス様の生涯で最も重要な町ナザレ、ベツレヘム、エルサレムが記されています。地図には他の町も幾つか記されていますが、主要な三つの町から説明していきます。

「ナザレはマリア様が住んでいらした町。神様は天使ガブリエルを送り、お告げをされました。マリア様に聖霊が送られました。」そう言って、聖霊のシンボルの炎の形が付いたピンを、イスラエルの模型のナザレの場所に挿します。

「ベツレヘムは、イエス様が馬小屋でお生まれになった所です。博士たちも星に導かれて、ベツレヘムまでやって来ました。」今度は、星のシンボルが付いたピンをベツレヘムの場所に挿します。

「エルサレムは、イエス様が十字架にかけられて亡くなられ、復活された場所です。」復活のしるしである十字架の付いたピンを、エルサレムの場所に挿します。

先生がやって見せた後、今度は子どもがピンを挿して位置を把握していきます。

小さい子には、まだ地図を理解するのは少し難しいかもしれませんが、年中組から年長にかけての子どもたちは、ナザレ、ベツレヘム、エルサレムという名前が先生の口から出てくるたびに「知ってる！ 知ってる！」と言います。でも、「知ってる」と言うものの、この模型や地図を見て改めて、「イエス様がいらした国が、今もまだあるんだね」などと言って驚く子もいますし、「日本から遠いんだね」とか、「日本よりも小さい国なんだね」と言って地球儀を見つめる子がいるので、聞いたことはあっても、ここで新たに何か気づきがあったことが分かります。

なんとなく昔話のような印象だった聖書のお話が、急に今、自分が生きている現実の身近なものとなった気がするようです。

ガリラヤ、ユダヤ、サマリア、ペレアと、地方が色分けされているのでこれも覚えていくことができます。「ガリラヤ……低い山のある所で、ナザレの町もここにあります。」「ユダヤ……ベツレヘムとエルサレムがあります。高い山々と、砂漠があります。」「サマリア……ガリラヤとユダヤの間にあります。」「ペレア……ヨルダン川に沿っています。」

地図パズルをしたり、名称カードを置いたりしながら覚え、再びクリスマスの季節を迎えると、「人口調査のために、ガリラヤの町ナザレから、ユダヤのベツレヘムというダビデの町に上って行った」などの聖書の言葉もピンとくるようになるのです。

イタリアのローマのソフィア・カヴァレッティ先生のアトリウムには、エルサレムの模型もありました。「この門からイエス様がエルサレムの町に入られた。」「ここで弟子たちと最後の晩餐をされた。」「この道を通って、オリーブ山に祈りに行かれた」などと、模型をたどっていくと、本当に自分もエルサレムに行って、十字架の道行をしているかのような気持ちになり、心が躍ったのを覚えています。

これらの教具の目的は、イエス様の出来事がより身近になることです。それは紙の上でだけのお話ではなく実際の出来事であること、イエス様が話されたことは過去の出来事ではなく、今生きている私自身に関わることを知らせます。模型が立体なのと同じように、子どもたちの心も、平面ではなく立体的に膨らんでいく気がします。

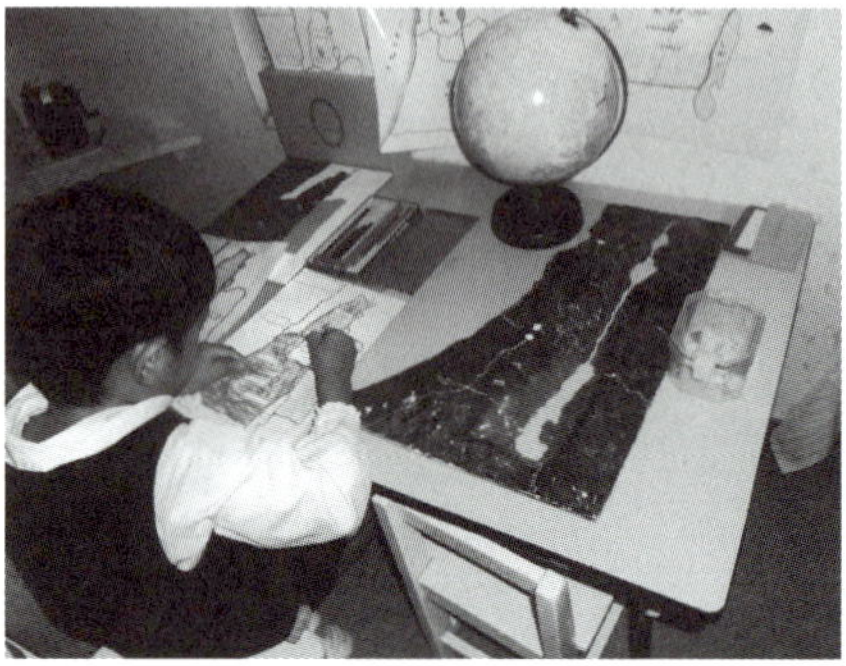

イスラエルの模型の活動をする年長児

エルサレムの模型

地図パズル

炎、星、十字架の
シンボルを挿す。

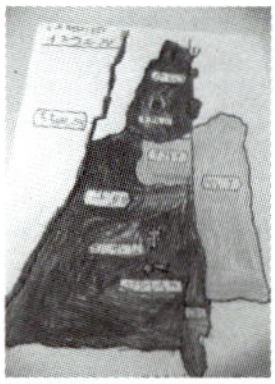

子どもが書いた地図

5章
聖書と典礼

わたしは初めであり、終わりである。

ヨハネの黙示録21・6

聖書（旧約）

「大きな本！」神のみ言葉は私たちを照らす光

私たちは、神様からたくさんの贈り物をいただいています。その一つが聖書です。幼稚園では聖書のお話に触れますが、そのほとんどが先生から話してもらったり、教具を使って繰り返すことです。教具を使う時は、小さい子どもに分かりやすいように、一つひとつのたとえ話をひらがなで書いた小さい本に仕立ててあるので、大人向けの大きな聖書を子どもが開くことはありません。

しかし、なぜか、年長の三学期頃になるとふと、お祈りコーナーに置かれた大きな大人向けの聖書に気づきます。ずっとそこに置かれていたのに、不思議なことに初めて見たかのように気づくのです。そして、「先生、これは何？」と聞くので、「これは、神様の言葉が書かれている聖書という本で、ほら、今まで聞いてきたこのお話も

このお話も、全部ここに書かれているのよ」と言って、小さい本の最後のページに書かれている福音の箇所を調べてあげ、全く同じ言葉があることを見せると、「へえー！そうだったんだ！」と感心するのです。

今まで別々だったお話が、分厚い本を見たことにより、心の中で「すべて神様の言葉だった」と改めてつながるのかもしれません。もしくは、あまりの本の大きさに、神様の偉大さを感じるのかもしれません。それを感じることができるのは、たくさんのお話に触れた後の、この卒園前頃の年齢ならではなのです。

実際、聖書は永遠のベストセラーであり、すばらしい書物です。神様が人間のために世界を創造したこと、人間と一緒に歩み続けてくださったことが、この長いお話の中に書かれています。でも、誰がこの本を書いたのでしょう？　書いたのは人間かもしれませんが、神様が書いたとも言えるでしょう。このような本を形作った人々に息吹を送り助けたのは、神様なのですから。

どれほど多くの人々に読まれてきたかを、子どもたちにはいろいろな言語で書かれた聖書を見せることで伝えることができます。日本語、英語、韓国語など、いろいろな言語の聖書を実際に見せてあげましょう。最初はイエス様の住んでいらしたイスラエルの言葉であるヘブライ語で書かれたものが、ギリシャ語にも訳されるようになり、その後もこんなにたくさんの言葉に訳されていったのです。各国の聖書を目の前にすると、いかに神様の言葉が世界に広がったのかを肌で感じることができます。

また、聖書がどのようにして今のような書物になったのか、書かれた様子を時代を追って紹介してあげることができます。

「このように書かれた本になるまでは、お年寄りたちは自分たちの民族が体験し、神様と出会ってきた出来事を、若者たちに語り聞かせました。その若者たちもまた、神の道への導きであるしきたりや習慣を覚えました。このようにして、お年寄りたちは若者たちへ、彼らの神様との体験を伝えていったのです。」

「ある人々は世界の起源について、またある人々は父祖アブラハム、イサク、ヤコブについて、またある人々はイスラエルの話の中で一番重要なエジプトからの脱出について語りました。時がたつにつれ、これらはあちこちで書かれるようになり、紀元前六世紀の終わりになると一冊の本にされました。聖書のこの部分のことをキリスト教徒は『律法の書（モーセ五書）』、ユダヤ教徒は『トーラー』と呼びました。これらは、神様と民族との約束という伝統を愛し伝えたいと願ったイスラエルの人々の信念の技なのです。」

「この他にも、『歴史書』と呼ばれる書物もありました。ここでは、約束の地に到着したイスラエルの民が、やがて王国を築くのですが、成功したり失敗したり、勝利したり滅ぼされたりしたさまざまな歴史の出来事が書かれています。」

「また、『預言書』には神様からの言葉を預かった預言者たちが、神様のご計画やメッセージを人々に伝えたことが書かれています。神様からのみ言葉を大切に伝えた預言者のおかげで、神様のみ言葉は何世紀も時を隔てた私たちのところまでたどり着き、こうして聞くことができるのです。」

「当時、神様のすばらしさを書き連ね、エッセイのように伝えられることもありました。『詩編』と呼ぶこの本の中では、現代に生きる私たちにとっても貴重な教えを知ることができます。ユダヤ教徒にもキリスト教徒にも、多くの人々に祈り続けられた祈りの書物です。」

「ここまで、旧約聖書の話をしてきました。つまり、聖書の中のイエス様が生まれる前の部分です。世代が移り変わる中で特別な配慮のもとで、ユダヤ教徒たちはなめした皮の巻物に手作業で、この文を書き写し続けました。エルサレムの神殿でも読まれたでしょう。

聖書はいつでも探求の対象となり、律法学者の学校でも研究され、神様のご計画を知ろうとされました。」

大人の聖書に興味をもって見ている
年長児

トーラーと呼ばれる昔の聖書

聖書（新約）

お話は新約聖書へと続きます

「約二千年前に、イエス様がイスラエルでたくさんの人にお話をしたことは知っていますね。でも、イエス様は自分で直接書いた物は残しませんでした。イエス様の周りには弟子たちがいて、イエス様の教えを守っていたのですが、イエス様の死と復活の後、イエス様がおっしゃったことを思い出しながら、繰り返し伝えました。こうやって、イエス様がしたことやおっしゃったことのうちの一部分を書いた『福音書』が生まれたのです。実際には、イエス様は聖書に書かれている以外にもたくさんのことをなさいましたが、もしも一つひとつ全部書いていたら、世界中が本であふれかえってしまったかもしれませんね。初めはギリシャ語で書かれました。」

「この『福音書』は四つありますが、中でも一番古いのはマルコによる福音書です。

マルコは十二使徒ペトロの弟子となってローマまでペトロについて行きました。そして、そこでペトロがした説教をローマ人のために書き残したのがこの福音書です。（西暦七〇年より以前です。）

マタイは十二使徒の一人で、ヘブライ人のために福音書を書きました。（西暦八〇年頃です。）

ルカは異教徒の医者だったのですが、後にキリスト教徒になった人です。おそらく復活の前はまだ、イエス様と知り合っていなかったと思われます。（西暦八〇年頃に書かれました。）それまですでにイエス様について言われたこと、書かれたことなどをよく研究しながら書いています。

ヨハネは〈イエス様に愛された使徒〉です。彼はイエス様が行ったことをよく見て、また、とてもよくイエス様を知っていました。（西暦九〇年頃。）」

「『使徒言行録』は、福音書の続きとして書かれた物で、イエス・キリストが御父のもとへ天に昇った後の、最初のキリスト教共同体の人生を語っています。福音書の著者ルカによって書かれました。」

「また、たくさんの『手紙』が書かれました。ほとんどはパウロによって書かれ、あとはヤコブ、ペトロ、ヨハネ、ユダといった使徒たちによって書かれました。これらの使徒たちは、彼らによって作られた共同体に向けて、これらの手紙を書きました。なぜなら、神のみ言葉が共同体の中で生き残り、復活したキリストへの信仰がとどまるようにです。」

『黙示録』は、聖書の中の最後の本で、〈神がすべてにおいてすべてとなる〉時について話されている預言者の本です。

このように、新約聖書は『福音書』『使徒言行録』『手紙』『黙示録』によって構成されています。これが、イエス様がおいでになってからの部分です。」

「キリスト教徒の共同体はいつでも、旧約も新約も聖書は全て尊敬され崇拝されてきました。なぜなら、聖書には唯一の神が彼の民に向けて話したみ言葉が入っているからです。教会は、長い間このみ言葉を手で書き写してきました。この書き写す仕事は、修道士たちによく委ねられたのですが、彼らは祈りながらこの仕事をし、すばらしい絵や飾り文字を添えて、その尊敬の気持ちを表したのでした。」

「神のみ言葉は私たちの道を照らす光なので、ミサの時、福音書は灯火を先頭にした行列と共に厳粛に運ばれることもあります。また、昔の教会には「高座」と呼ばれる、神のみ言葉を読み上げるのにふさわしい特別な場所も設けられていました。また、福音書の表紙にはすばらしい彫刻がされたり、宝石で飾られたりしたこともありました。神から来るこのみ言葉を包み込むためには、どんなことも大げさではないように思われたのです。

「この本は、とても古く、とても貴重なものです。この本は、何世紀も何千年もの間、たくさんの人々に愛され敬われてきました。この本は、何世紀も何千年もの間、たくさんの人々に祈られてきました。

そして、今、あなたの手の中に。」

六歳以上の子どもであれば、聖書が歩んできた歴史を聞き、改めていかに貴重なものかを感じることができるでしょう。巻物の書物、美しい絵で装飾されたみ言葉、宝石で飾られた福音書などの資料を見せてあげることでもまた、より感じることができます。

また、「イエス様がヘブライ語でお話になった言葉のうち、三つが今でもミサの中に残っていますよ。それは、〈アーメン〉〈アレルヤ〉〈ホザンナ〉です。〈アーメン〉は、

〈確かに、本当に、そのとおりです〉という意味。〈アレルヤ〉は、〈主をほめたたえよ〉という意味。〈ホザンナ〉は、〈救ってください〉という意味です」と言うことができます。昔の人々が丁寧に写し書いたように、子どもたちもこの言葉を写して書いたり、色を塗ったりできるでしょう。

教具としては、聖書がたくさんの書物から造られた唯一の本であることを感じるための、小さな本が集まっているミニチュアの本棚があります。本棚はかわいらしくて、大人でさえ、思わず手に取って見たくなってしまうほどです。小さい本を一度、全部出して、旧約（赤）と新約（緑）に分けてから、訂正版を見たり本棚の中に書かれている線や数字を導きとして再び入れていくのですが、「イザヤ書って知ってる！」「雅歌っていうのがあるんだ」「これは大きいね」などと言いながら、自然に、いつか大きな聖書を直接読めるようになるための準備にもなっています。

美しい絵で飾られたみ言葉

聖書の教具。書物のページ数によって本の大きさが異なります。

ヘブライ語の言葉。トレーシングペーパーで書き写します。

典礼とは？

「神様のもとへ戻るには？」キリストと一緒に神様に向かう

聖書のたとえ話をしたり、ミサ用具やミサの組み立てについて話したり、いろいろな教材を紹介してきましたが、ここで少し立ち止まって聖書と典礼について話したいと思います。

子どもに宗教教育をする時、聖書のお話をするだけでは足りません。聖書とは神様が人間に与えた人間解放のための書物とも言えるのですが、聖書のお話は聖書の中のどの時点でも、また、私たちの生きるどの時代においても、人間はまだ完成されておらず、神様が主人公で、時代を超えながらいまだに完成へと向かっている動的な本なのです。昔話が書いてある古典的な本ではないことを、忘れないようにしなければなりません。

典礼は聖書と対になっているものです。聖書なくして、典礼はありえません。それと同時に、典礼なくして信仰生活もありえません。人間は人と関わらなければ生きていけませんが、それと同じように、祈りも一人で部屋の中でしていればよいというものではないのです。そして重要なことに、聖書は典礼を通して何千年も生きてきましたし、また生き続けるのです。

すべての生命ある事実、コスミックの中で、典礼はどのように機能するのかということについて、ソフィア・カヴァレッティ先生がお話しされた興味深い授業がありますので、お伝えしましょう。

神は最初であり最後であるので、Ａ（アルファ）とΩ（オメガ）で表します。

神は最初、人間を創造する前に自然を創造しました。神に造られた物は、石ころ一つを取り上げてみても、どの種類の草木や動物にしても、すべて美しい物ばかりでした。

しかし、ここで疑問が生まれます。なぜ美しいこれらの物は創造されたのでしょうか？　何のためにあるのでしょうか？　植物も動物も、生まれ、育ち、死に、また生まれ……と繰り返しますが、それではただ、小さいグループが循環しているだけです。ところが、人間が創造された時、この疑問を消すことができます。なぜなら、人間はこれらに働きかけるからです。人間がこれらに働きかけ、自然が姿を変える時、そこに意義が生まれます。自然は自分自身で姿を変えることはできませんでしたが、人間が手を加えることで、石は金《かな》づちやいろいろな道具になり、人間の仕事を助け、羊は羊毛となって人間を温めます。

人間は神のイメージに創造されたので、自然のものとは違うレベルにいますが、違うということの中でも、この「働き」が特に重要です。人間はこの活動を訓練することができます。そうして、この活動はどんどん卓越していきます。

もしも天使のように完全に自然のレベルからかけ離れたものなら、たぶん訓練する必

Abodah	ヘブライ語	「仕事」「典礼」
Leiturgia	ギリシャ語	
Cultus	ラテン語	

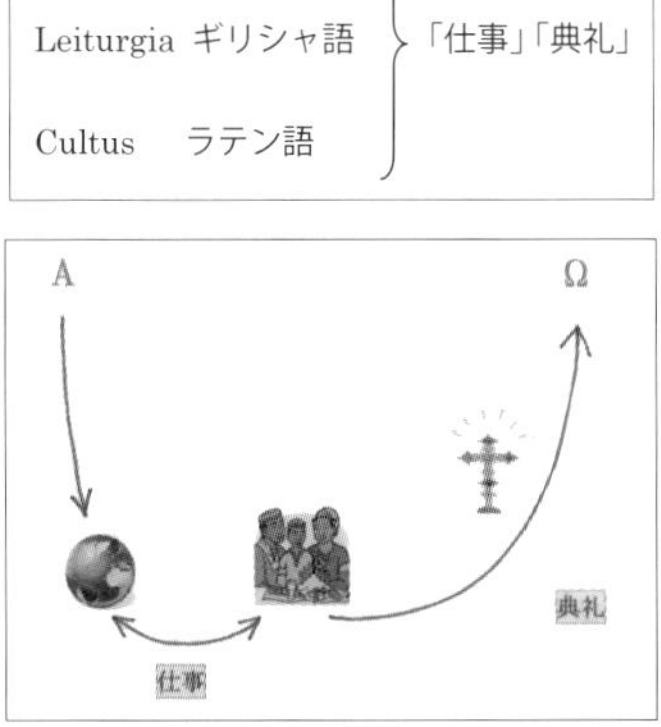

要はなかったでしょう。でも人間は、アダマ（土）から造られたものだから、自然より上のレベルにいると言っても、同時にその自然の部分も持つのです。だからこそ、人間は自然を手に入れ、手によって変形させ、何らかの意味でそのレベルを変えることができるのです。石は当然、人間そのものにはなれませんが、もし人間がこの石を彫刻し、手を加えればもともとの石とは違ったレベルになります。

また、人間と自然の関係は人間自身のためだけとは言えません。人間は自然がレベルをアップさせるために手を貸した、「仲介人」だとも言えるのです。

このようなことから、自然物と人間との間に「仕事」という関連性を置くことができます。そして、相互関係のつながりができます。このつながりにより、自然物は自然物として最高のレベルに上がれます。例えば、カビはペニシリンという抗生物質となり、人間を助けるのです。この仕事は最初の頃の人間より発達しましたが、とても時間のかかるもので、今でも自然物の中に含まれている豊かさを外に引き出す過程の途上にあります。

ここで、もう一つの疑問が生まれます。人間は、ずっとこの自然という低いレベルとの関係を持つだけで終わりなのでしょうか？　このままでは、低い天井に頭がぶつかっているかのようです。人間は神からすべてをもらいつつあります。しかし、すべてをくださった方のもとへ返すことも大切です。「返す」、これはつまり、「ありがたく思う」ということです。神のもとへ戻り、返すためには、どのようにしたらよいのでしょう？

自然物は人間の仕事によって、そのレベルを上げました。人間は上のレベルでありながらも、ある部分は自然のレベルと通じるところがありました。そのため、人間は自然物に手を伸ばし、取り上げ、働きかけることができたのです。私たち人間も、神に感謝を返すためにレベルを上げる「仲介人」が必要です。私たちにとって上のレベルにいながら、通じるところがあるのは誰でしょうか？　それが、イエス・キリストです。人間は、キリストを通して、キリストと一体に結びつきながら、キリストと一緒に神に向かうことができるのです。これが、「典礼」です。典礼によって人間は天井の上のテラスに上ることができ、神が「そのようになるように」と造られた、完成の姿になるのです。

西洋の言葉の起源は三つあり、それはギリシャ語、ヘブライ語、ラテン語ですが、この三つはおもしろいことに、一つの言葉が「仕事」と「典礼」という二つの意味をもつと聞いた時、私は背筋がぞくっとする感動を覚えました。農作業などの仕事と、神へ向かっているこの特別な私たちの行為には、昔から奥深い関係の意味が含まれているのです。

イタリアの初聖体式

典礼色と典礼カレンダー

「白は何の色?」教会暦は神様への案内人

新しい一年が始まりました。教会にも一年を周期として、キリストの救いの業を思い起こして祝う「典礼カレンダー（典礼暦）」があります。私たちの日常の生活は、太陽によるカレンダーに沿って方向付けされていますが、典礼カレンダーは太陽を創造した方が、カレンダーの大切な主となっています。

年長児なら幼稚園生であっても、信仰生活を主の祝日によって方向付けできるように、子どもにも分かりやすく教えられる教具があります。それが、「典礼カレンダー」と呼んでいる教具です。一つが一週間を示す駒五十二個でできていて、時計のような形をした教具です。教会で最も大きな祝日である〝復活祭〟〝クリスマス〟〝聖霊降臨〟と、季節が示されています。教会での典礼暦は本来、もっとたくさん祝日がありますが、それは小学生になってから別のより詳しい教具で紹介します。

話が前後しますが、この典礼カレンダーの前には必ず「典礼色」という教具で、典礼が表される色を覚えることになっています。これは年少児でも分かりやすい教具で、祭服のミニチュアを一色ずつ子どもに見せながら、典礼色を覚えていくものです。「神父様がミサをあげる時、特別な服をお召しになります。この服のことを祭服と言います。この祭服は、いつも同じ色ではなく、その時の暦の意味に従って変えます。」「白、お祝いの色。光の色。イエス様の大きなお祝い、復活祭とクリスマスに白い祭服を着ます。」「紫、お祝いの前。お祝いを待っている準備の期間の色です。」「緑、お祝いの後。お祝いの後もその喜びは一日で終わるのではなく、ずっと続きますね。」「赤は、聖霊のお祝いの色です。」

この後、「白、お祝い」「紫、お祝いの前」「緑、お祝いの後」「赤、聖霊のお祝い」と、子どもが覚えていきます。覚えさせ方としては、〝三段階の名称レッスン〟という方法があり、宗教の分野に限ったことではなく、モンテッソーリ教育で名称を覚える時にいつも使う方法です。

第一段階＝物と名称の結び付け「白、お祝いの色」
第二段階＝物と名称の結び付けの強化「お祝いの色はどれですか？」
第三段階＝物と名称の記憶と再生「これは何の色ですか？」

子どもは簡単に覚えてしまい、アトリウムでは「先生！　質問してー！」と言ってくるので、一通り質問してあげると、答えられたことをうれしそうにしていて、それを見ていた子が自分もやりたくなって、「私もそのお仕事したいです」と順番待ちをします。そして、のり貼りをして名称を書き込む作業をしながら、少しずつ復活祭がクリスマスよりも大きく重要なお祝いであることや、教会のお祝いの前に準備の期間があること、また後には喜びが続く期間があることなどがよく分かってきます。そして､保育室のお祈りコーナーのクロスの色も、この典礼色に合わせて変えることによって、日常から今がどの時期なのかを思い出す手助けとなるのです。

典礼カレンダーに話が戻りますが、典礼暦は普通のカレンダーのように一月一日から始まるのではなく、クリスマスの前に主の降誕を待つ期間である待降節から一年が始まります。教具の場合、最初にクリスマスを表す星のしるしのついた白い駒と普通の白い駒を三つ置き、次に紫の駒をその前に四つ置き、クリスマスの後に緑の駒を六つ置いていきます。次に、キリストが死から復活した大きなお祝いのため、紫の駒六つを置き、十字架のしるしの白い駒、つまり復活祭を置きます。復活祭は大きなお祝いなので、その後に白い駒六つ分もお祝いが続き、聖霊のお祝いで終わるので赤い駒を置きます。この聖霊のお祝いを、聖霊降臨と言います。そしてその後、二十四週間もあるので緑を二十四個置いていきます。一年分の駒を置き終わったら、三つの祝日の名称が書かれた時計の針のようなカードを置きます。それから、期節の名称〝待降節〟〝降誕節〟〝四旬節〟〝復活節〟〝年間〟と書かれたカードを置いていきます。

子どもは一つひとつ駒をゆっくり置いていきながら集中し、自分もイエス様の出来事を祝うことによって、そこに生きていることを体感していきます。そして、毎年この暦を繰り返すということは、ぐるぐる回るらせん階段がイエス様のところへ登っていくようなイメージだと話し合いながら、私たちがまた、主を待ち望んでいることにやがて気づいていくでしょう。

先日、ある保護者の方が何気なく「クリスマスが終わると、あっという間にツリーを片付けて、今度はお正月の準備で忙しく和風の雰囲気になるのが嫌で仕方ない」と言われました。昨日までクリスマスの準備を心をこめてしてきたのに、二十五日が終わった途端にいきなり、「もういくつ寝ると、お正月〜」と歌うのでは、子どもも違和感を感じないはずがありません。イタリアでは東方の三人の博士が拝みに来たという、〝主の公現の祭日（一月六日）〟までは、町中クリスマスの雰囲気が続いていますし、その日は「ベファーナおばあさん」が空飛ぶほうきに乗って来て、良い子にはお菓子、悪い子には炭を置いていくという、もう一つのお楽しみで、一連のクリスマスの行事が終了となるのです。お正月という日本文化の中で生きる私たちが、慌ただしい商戦に巻き込まれることなく、心落ち着かせてイエス様の生命を祝うためにも、典礼カレンダーは役立つかもしれません。

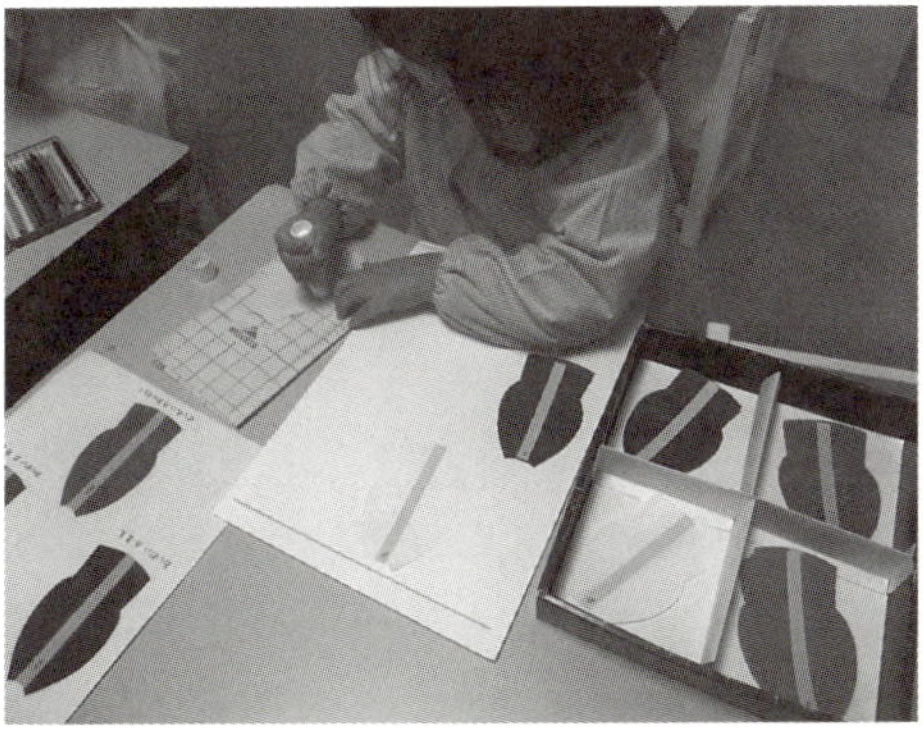

典礼色の貼り付け

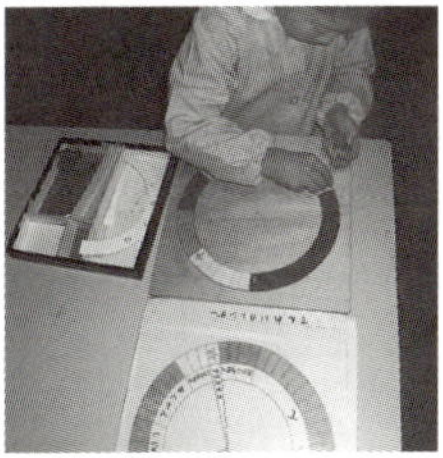

駒を一つひとつ丁寧に置いていく
年長さん。

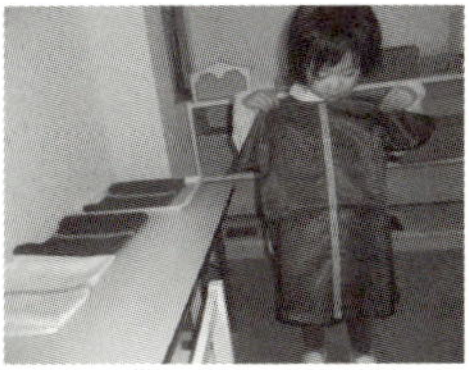

司祭服を自分に当ててみる年少さん。

「年間」の間は、お祈りコーナー
のクロスも緑色にしてます。

6章

ミサ

キリストによって、キリストとともに、
キリストのうちに

ミサ典礼文

祭壇とミサ用具

「特別に大切なお皿とコップ」神様の家族の食卓

―食卓のような　祭壇―

何度も教会へ来たことのある子どもたちにとって、祭壇はすでに見慣れたものになっているかもしれませんが、ミサの学びに入る時にまず、祭壇がどういうものなのかについて話していきましょう。ローマのソフィア・カヴァレッティ先生のアトリウムにあった、美しい祭壇の教具を紹介します。

まず、子どもたち数人をテーブルの周りに集めます。「みんなの家には、家族で食事をするための食卓があるでしょう。教会でも、神様の家族である私たちが集まり、祝うためにテーブルのようなものがあり、それを整えるのですよ。教会は私たちにとって、家のようなものなのです」と話します。

子どもに紹介するために用意した本物そっくりの用具の名称と、それについての説明をしながら置いていきます。

「**祭壇布**　真っ白なテーブルクロスです。」

「**十字架**　真ん中に置きます。なぜなら、十字架はキリストの死と復活を表すからです。」

「**ろうそく立て**と、**ろうそく**　死から復活したキリストは、まさに光であることを思い出すために置きます。」

「**パテナ**　特別に大切なお皿です。」

「**カリス**　特別に大切なコップです。」

すべてテーブルの上に整えたら最後に、「このように準備された時、これを〝**祭壇**〟と言います」と、話します。そして、「私たちは、祭壇の周りを囲んでいます。私たちはみんな、神様の家族だからです。そしてミサの時、ろうそくに火をともします」と言い、ろうそくに火をつけます。

こうして丁寧に話をすると、それまではもしかすると、祭壇を舞台のように感じて観ていた子どもたちも、ミサの時に自分も神様の家族の一員として祭壇を囲んで参加していて、大きな家族に属しているのだという意識が芽生えてくるでしょう。

子どもには紹介して見せるだけではなく、自分でこの子ども向けの祭壇を準備する体験をさせてあげたり、紙で作ったパーツをのりで貼って祭壇を作り上げたりする作業を準備し、繰り返しながら名称も覚えるように導いていきます。


―ミサ用具―


少し年齢の上の子どもたちには、さらにミサのために使う〝**ミサ用具**〟を紹介していくことができます。

名称や簡単な説明をしながら、本物そっくりのミサ用具を出して置いていきます。

「**プリフィカトリウム**（清浄布）。」

「**コルポラーレ**（聖体布）。」

「**パラ**（聖杯布）。」

「小さい**書見台**。」

「**ミサ典礼書**　祈るところ、つまり神のみ言葉を聞いて、それに答えるお祈りが書いてあります。」

「大きい**書見台。**」

「**朗読聖書**　神のみ言葉が書いてあります。」

「**水とぶどう酒**（アンピュレ）　一つには水が、もう一つにはぶどう酒が入っています。」

「**手拭き**（マヌテルジウム）　司祭が手を拭くものです。」

このように話しながら祭壇の上に並べて見せ、その後、子どもが自分でもやってみるように誘います。用具の詳しい説明は、また別の教材でしますが、いつもは遠目でしか見られないミサ用具（のミニチュア）に触れてみる体験をしたり、その名前を知ることによって用具に親しむと、実際にミサにあずかった時の関心が、それまでとはまったく変わってくるのです。

―**聖**《せい》　**櫃**《ひつ》―

「ミサの間、イエス様は私たちと共におられるために、祭壇の上にいらっしゃいます。でも、ミサではない時は、別の所にいらっしゃいます。その場所を〝**聖櫃**〟と呼びます。」

「**チボリウム**（聖体器）　イエス様は、チボリウムの中にいらっしゃいます。」
「**聖櫃**　チボリウムを入れておく所です。」
「**聖体ランプ**　イエス様のいらっしゃる聖櫃がどこにあるのか分かるように、ランプがともされています。教会に入った時には、十字架のしるしをしてイエス様にご挨拶しましょう。」

十字架のしるしが上手にできない子どもには、鏡で見るように大人がして見せてあげると分かりやすいです。聖櫃にイエス様のご聖体がいらっしゃると知ると、より教会の中でイエス様の存在をはっきりと感じるようになります。

これらのたくさんの教具を準備することは、とても骨が折れることのようにも感じます。しかし、どんなにたくさんの言葉を重ねて説明するよりも、自分で実際に触れることのできるこれらの教材を準備してもらえることのほうが、子どもにとってはより具体的で分かりやすいことなのです。子どもは実際に自分で動くことによって、自分自身を教育していくからです。単に名称や使い方を知るにとどまらず、教会に親しみ、キリストとの関係をより深め、やがて祈ることにもつながっていくことでしょう。

祭壇とミサ用具

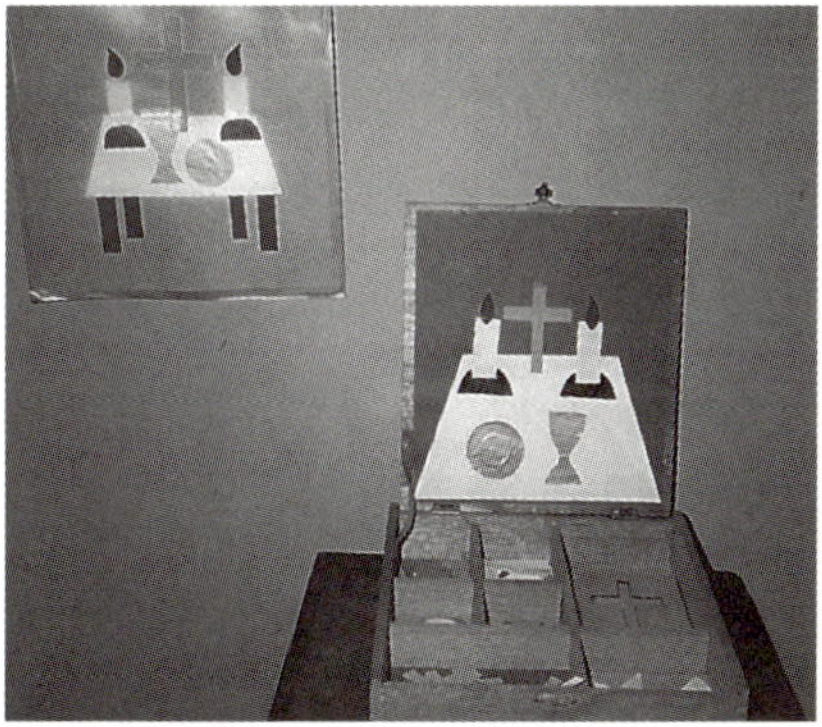

祭壇ののり貼りの教材

ミサ用具 が小さい棚の中に
そろえられています。

ローマのアトリウムにある、子どもサイズの
祭壇の教具。アンティークで美しい物が準
備されていました。子どもにとっても魅力的。

ジェスチャー

「どうして手が開いているの？」
神様からの大きなプレゼント

子どもたちがミサにあずかった時、み言葉を「聞く」ことからだけではなく、祭壇やミサ用具、典礼色などを「見る」ことによっても「しるし」に気づき、意味を知ることができます。今日はもう一つ、とても分かりやすい「しるし」である、ミサのジェスチャーについて紹介していきます。

按《あん》手《しゅ》

子どもたちをテーブルの周りに集め、ミサの時テーブルクロスを掛けることを思い出しながら、テーブルにクロスを掛けます。

カリスとパテナを載せ、「ミサの時、神父様はこのようなことをします」と言って手をカリスとパテナの上にかざして見せます。

「この時、どうして手が開いているのかな?」「何かをプレゼントする時、手を広げるでしょう。手をぎゅっと握って閉じていたら、手の中にあるプレゼントをあげられないわね。」「今、この手は何かをプレゼントしているのです。」

「このプレゼントはどこから来てた?」「上から下に手が降りて来たから、上からですね。」「上にはどなたがいるの?」「父である神様ですね。」

こう話し合った後、今度は言葉も言いながらジェスチャーをもう一度します。

「まことにとうとくすべての聖性の源である父よ、いま聖霊によってこの供えものをとうといものにしてください。わたしたちのために主イエス・キリストの御からだと御血になりますように。」

子どもと交代して、順番にこのジェスチャーをやってみます。そして、その後、「父である神様は、何を贈ってくださるのですか?」「どのようにして、贈り物をしてくださるのかな?」「聖霊は、パンとぶどう酒をイエス様に変える力を持っているんだね」などと、話し合うことができます。ポイントは、ご聖体は聖なる**贈り物**だということです。

奉献

「また、このようなジェスチャーもあります。」そう言って、カリスとご聖体を持って上に高く上げるジェスチャーをして見せます。

「今度は、手を下から上にあげますが、どういう意味でしょう？」「私たちも神様に何かを差し上げるのです。」「でも、司祭は手に何かを持っていますね。パンとぶどう酒です。つまり、イエス様です。」「私たちは何かをもらった時、幸せを感じますね。そして、自分からも何かあげたいと思います。」「一番大きな贈り物とは何でしょう？イエス様がなさったように、自分自身をささげることですね。でも、イエス様は一人きりでささげるのではないのです。」

話の後に、言葉をつけてもう一度ジェスチャーをして見せます。

「キリストによって、キリストとともに、キリストのうちに、聖霊の交わりの中で、全能の神、父であるあなたに、すべての誉れと栄光は、世々に至るまで。アーメン。」

そして、「キリストによって＝キリストという手段で。キリストとともに＝キリストと一緒に。キリストのうちに＝一緒にというよりもさらに深くキリストの中に」という意味であることを分かりやすく話します。

「何のために、私たちはこうしてキリストと一緒になるのでしょう? それは、キリストと一緒に神様に〈誉れと栄光〉をささげるためなのです。奉献は、神様からいただいた贈り物への返事なのです。」こう話して、子どもたちにもこのジェスチャーを一人ひとり体験させてあげます。

平和のあいさつ

子どもたちと先生、その場にいる人みんなで円になって集まります。先生はまず、「ミサの途中で、こうしますね」と言い、隣の子に笑顔でお辞儀をします。隣の子は、またその隣の子にお辞儀をします。こうして、次々にお辞儀をしていき、一周します。

次は、先生が隣の子と手をつなぎ、その手を離さずに隣の子はまた、その隣の子と手をつないでいき、最後には、みんなが手をつないで円になる形になります。

「最初は誰か一人にお辞儀をしてあいさつをしたという感じだったけど、実はだんだん広がっていって、こうしてみんなが結びつきました。目を閉じて、私たちを結ぶ糸があるとイメージしてみましょう。」

「でも、この糸は私たちの中から生まれたのではありません。誰から来た糸でしょうか？」

そうして、平和のあいさつの時に言う言葉を紹介します。「平和のあいさつの時、このように言います。『主の平和。』これは、主の平和がいつもあなたと共にありますように、という意味です。」『「つまり、この糸は主から、つまり良い羊飼いであるイエス様から生まれ、全ての羊、つまり私たちのためのものなのです。」「良い羊飼いであるイエス様からの、贈り物です。」「按手のジェスチャーを思い出しましょう。その時、聖霊は上から下に降りて来ましたね。降りて来た贈り物は、今度は広がり、普及していきます。」

日本では、平和のあいさつはお辞儀をしてほほ笑みを交わしますが、つながりという意味だと伝えると、次第にミサ中に平和のあいさつをしながら意識していくようになるでしょう。

パンを裂く

平和のあいさつと同様に、パンによってもすべての人間と復活したキリストを結び付けることを伝えていきます。

丸いテーブルの周りに、みんなで集まります。ミサの時にはテーブルクロスをかけることを思い出しながら、白いクロスを掛けます。本物のパンをのせたパテナと、カリスをのせます。

「昔は祭壇の上に、大きなパンをパテナにのせて置いたそうです。まるで、最後の晩さんのようですね。この贈り物は、どなたがしてくださったのでしょうね？」子どもたちから、「イエス様」とか、「神様」と声が上がると思います。そうしたら、そこにいる人の数にパンを裂き、一人ひとりに配ります。

「パンは食べ物ですね。生きるために食べます。」「一つのパンをみんなの数だけ裂いたものを私たちが食べる時、同じ食べ物、同じ糧《かて》を食べるということです。」「でも、このパンは特別なものです。なぜなら、ミサ中にこのパンは、イエス様の御《おん》からだとなったからです。つまり、復活したキリストの生命という、特別な生命のための食べ物なのです。このパンを食べる人はみんな、復活したキリストと同じ生命を得るのです。」「このようなパンを食べる時、私たちも知らない者同士も一緒に結びつくのです。たくさんの教会、たくさんの場所、たくさんの違う民族、また時間をも超えて。」こう話してから、パンをみんなで食べます。

次に、紙で作ったホスチアをパテナにのせて、ジェスチャーについて紹介します。

「今日、司祭はもうパンを使いませんが、その代わりにホスチアを使います。ホスチアもやはりパンと同様に、小麦粉から作ったものです。パンを裂く代わりに各々にホスチアをくださいますが、意味は同じです。」

「司祭は、このようにします。」紙で作ったホスチアを二つに裂きます。「そして、こう言います。『神の小羊、世の罪を除きたもう主よ、われらをあわれみたまえ。神の小羊、世の罪を除きたもう主よ、われらをあわれみたまえ。神の小羊、世の罪を除きたもう主よ、われらに平安を与えたまえ。』」

大きな子には、ホスチアを二つに裂いた後、さらに小さな破片に裂き、それをカリスに入れるジェスチャーも紹介できます。その小さな破片は、その場に来られなかった人のためだと話し、さらにこの贈り物が全ての人々のためのものであるという理解を深めます。

信仰の神秘

ミサの間、神の国の過去・現在・未来という三つの「時」がひとつになり、私たちもこれに参加すると信じていることを伝えていきます。

まず良い羊飼いが柵の中だけではなく、教会で私たちと共にいてくださることを、「良い羊飼い」のミサへの展開（2章）を振り返り思い出します。

テーブルにクロスをかけ、良い羊飼いの像を置きます。そして、「このようにして良い羊飼いを置いた時、ご聖体の中に良い羊飼いがいることを思い出しますね。では、今私たちはどのようにしてイエスさまと会うのですか？　赤ちゃんのイエス様にですか？　弟子たちに話をされたイエス様にですか？　違いますね。イエス様は十字架で亡くなったのです。そのことを告げ知らせた弟子たちのように、私たちもイエス様が亡くなったことを告げ知らせましょう」と話し、十字架で亡くなったイエス様の絵を置きます。

次に、「でも、イエス様は復活したのです。つまり、死を通して、新しい生命が来たのです。この新しい生命は、もう死ぬことがありません。イエス様は、死に勝ったのです。」「イエス様が復活した時、何人かにだけお会いになりました。でも、今私たちがイエス様に会う時、いつも復活したイエス様に会うのです」と話し、復活したイエス様の絵を置きます。そして、「このイエス様の新しい生命は、輝かしいものです。私たちはそれを目で見ることはできませんが、ミサ中パンとぶどう酒の中に見ます」

と話し、カリスとパテナを置きます。

「パンとぶどう酒によって、復活したイエス様は私たちと接するのです。そして、私たちをその豊かな生命に参加させます。でも、もちろん私たちは復活した新しい生命をもつイエス様を目で見たいし、聞きたいし、触れたいですね。私たちはその時が来るのを待っているのです。イエス様は再びいらして、その栄光を見せてくださることでしょう。その時を、再臨と言います」と話し、再臨の絵を置き、「この絵は金色の光でいっぱいの十字架が、世界を抱いていますね。その時、すべての被造物と人間は、イエス様のうちにあるでしょう。イエス様がすべてにおいて、すべてとなるのです」と話します。

最後に、「司祭が〝信仰の神秘〟と言った時、私たちはこう答えます。主の死を思い、復活をたたえよう、主が来られるまで。」祈りの言葉と合わせて、言葉のカードをそれぞれ置いていきます。「これが、私たちの信仰です」と言って〝信仰の神秘〟と書かれたカードを置き、完成させます。

これらの他にも、手を洗うジェスチャーと意味、ぶどう酒の準備をするジェスチャーと意味なども紹介できます。私はぶどう酒に水を少し入れる意味が、ぶどう酒はキリスト、水は私たちであり、また、これが一度混ざると、もう二度とぶどう酒と水を再び分けることはできないということだと知った時、強い感銘を受けました。イエス様と私の関係が、そこまで強いものだったとは！　大人になるまで、勉強不足で知りませんでした。ところが、私の兄は意外にもこのことを当然のように知っていました。昔はミサの時の侍者は男の子だけだったので、男の子だけ神父様に教えていただいていたのでしょうか。ずっと前からこんなすばらしいことを知っていたなんて、なんだかうらやましい気がしました。

子どもたちにぶどう酒の準備の練習をぶどうジュースと水でやらせてあげると、とても喜んでします。緊張しながら、少し水を注ぐことがとても楽しいようです。こんなすばらしいジェスチャーの意味を、ぜひたくさんの子どもたちに知らせていきたいです。

ローマのアトリウムの壁にかけられた、ジェスチャーのモチーフ

教会学校で、按手のジェスチャーをする１年生

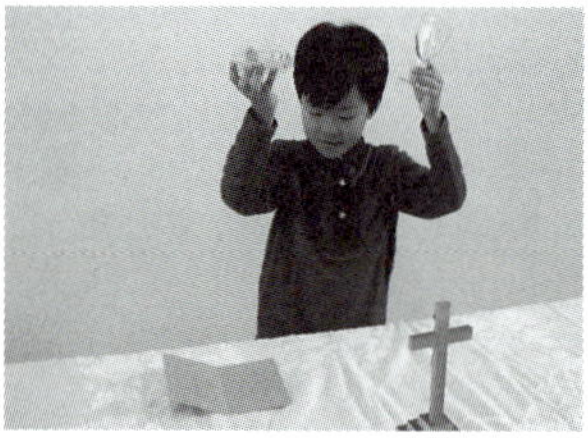

奉献のジェスチャー

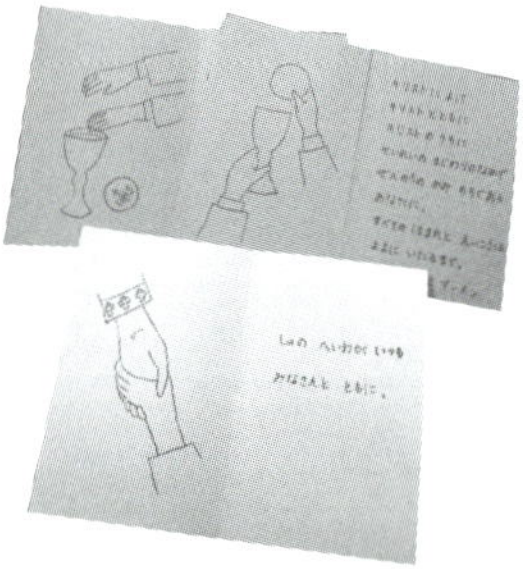

絵と言葉が書かれたカード

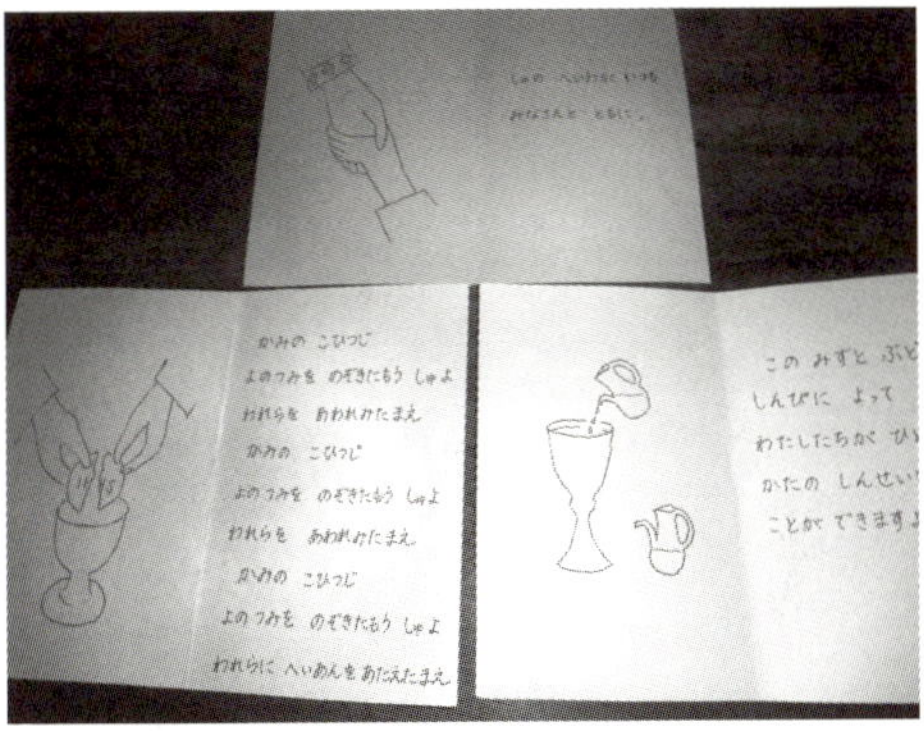

絵や祈りの言葉を書き写して、カードを作ります。
繰り返して行うための教材

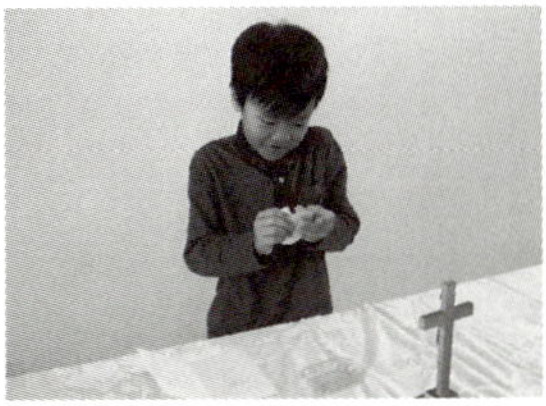

パンを裂く

信仰の神秘のカード

ぶどう酒の準備

ミサの総合

「ミサとは大きな祈り」イエス様に会い、イエス様を迎える

ミサ用具、ミサの中でのジェスチャー、祈り、それらを一つひとつ丁寧に子どもたちに紹介してきました。ミサの時、それらがどのような順序で並ぶのか、ここでは流れに沿って全体を見ていきます。

「ミサとは大きな祈りです。私たちはミサ用具を幾つか知っていますが、それぞれの部分がどのような順序で並ぶのか、祈りがどのように集まって一緒になるのかを今日は見ていきましょう。」そう言って、名称や機能を思い出しながら用具を机に出していきます。

＊十字架（死から復活したキリストのイメージ。）
＊ろうそく（復活したキリストの光のしるし。）

＊テーブルクロス（ミサを祝う時、祭壇に掛けます。）
＊ミニチュア聖書（神のみ言葉。旧約聖書と新約聖書でできています。）
＊書見台（祭壇の上に聖書を置く時、のせる台です。）
＊アンポリーネ（カリスを用意するのに使います。一つには水、一つにはぶどう酒が入っています。）
＊パテナとパン
＊カリス（ぶどう酒とわずかな水で用意します。）
＊最後の晩餐《ばんさん》（どうして、ミサの時に最後の晩餐を出すのでしょうか？　最初のミサだからです。）
＊「按手」の手のカード（司祭はこのジェスチャーを、パンとぶどう酒の上でします。）
＊「奉献」の手のカード（ミサの時、この手にはパンとぶどう酒をのせます。）
＊「大きいアーメン」のカード（誰が、この大きいアーメンを言うのですか？　私たちです。いつ言うのですか？　大きなささげものの後です。）
＊パンのかけら（誰がこのパンのかけらをいただくのですか？）
＊「小さいアーメン」のカード（私たちそれぞれが、自分でアーメンを言います。）

＊「信仰の神秘」のカード（私たちは、なんと答えますか？）

＊「平和のあいさつ」のカード

全部出したら、今度は総合の大きなカードを置き、読みながらその横に小物を順番に並べていきます。

「ミサの時、まずテーブルクロスを準備しますね。」

「父である神は、み言葉を聞かせるためにご自分の子どもたちをお呼びになります。」

そう読んで、ミニチュアの聖書を置きます。

「そして、私たちはご聖体にあずかります。最初にパンとぶどう酒を準備します。ぶどう酒には、水を一滴入れます。」カリスとパテナ、パンを置き、アンポリーネからぶどう酒と水を注ぐしぐさをします。

「私たちの準備したささげものが変化するように、御父に、聖霊を送ってくださいとお願いします。」カリスとパテナの上に、按手の手のカードをのせます。

「司祭は、イエス様が最後の晩餐でおっしゃった言葉を繰り返します。パンとぶどう酒はイエス様の御からだと御血になり、すべての人のために永遠に贈られます。」

最後の晩餐の像を置きます。

「イエス様は、ご自分をささげてくださいました。」私たちは、こう答えます。「主の死を思い。」十字架を置きます。「復活をたたえよう。」ろうそくを置き、火を付けます。「主が来られるまで。」信仰の神秘のカードを置きます。

「御父の栄光のために、私たちも復活したイエス様と一緒に、自分自身をおささげしましょう。」奉献の手のカードを置き、カリスとパテナを移動させてのせます。

「アーメン。」大きなアーメンのカードを置きます。

「御父はご自分の子どもたちをみんな、ご聖体の食卓へ招かれます。」

「私たちは兄弟であることを表すため、平和のあいさつを交わします。」平和のあいさつのカードを置きます。

「一つのパンを割ったものによって、私たちは一つになります。」パンのかけらを置き、「アーメン。」小さいアーメンのカードを置きます。

こうして、ミサが完成します。子どもたちも総合のカードを読みながら、同じように自分で並べることができます。また、これら一つひとつには祈りを伴うので、ガイドの本に従いながら祈りのカードを置いていったり、これを見ながら小さなミサ本を作ることもできるでしょう。

　実物の小物を使ったり、色で分けたりすることによって、子どもたちにミサの流れがより分かりやすくなります。大きな年齢の子どもには、「ことばの典礼」と「交わりの典礼」は神の存在の二つの形であることや、按手と最後の晩餐の話の時、死から復活した栄光のキリストが存在することについても話していくことができるでしょう。また、キリストはご自身を父にささげ、私たちはキリストを父にささげ、また私たち自身もキリストによって、キリストとともに、キリストのうちにささげます。このささげものは全ての時代の人々のもので、共同体を通して参加するのです。

　これらを知って、より積極的な気持ちになると、ミサのあずかり方も変わってくることでしょう。

全てを並べたところ

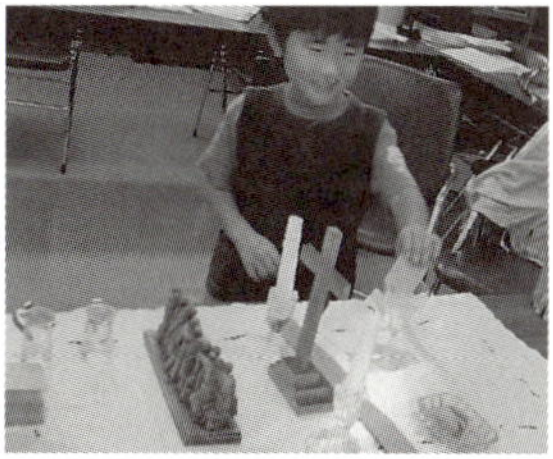

日曜学校での様子

7章
神の国の歴史

初めに、神は天地を創造された。

創世記1・1

神の国の歴史

「こんなに長い！」神様のご計画は壮大

聖書のお話や典礼などたくさんの教材がありますが、それらは何の意味へとつながっていくのでしょうか。

私たちは毎日なにげなく生きているようですが、神様は私たちのためにすばらしいご計画を立ててくださっています。その計画は隠されていて、人間の言葉や概念では十分に表現できるものではありません。しかし、神様は私たちに愛と希望をお持ちですから、その計画は私たちが考えるよりはるかにすばらしいものであるはずです。

一つひとつの出来事は偶然ではなく、計画を持った創造主によって造られたものだと知ることは、子どもにとって意味深いものです。自分は何者なのだろうと考え始める時期に、全てのものと自分たちの間に宇宙的な秩序があると知ると、目的もなくあちこちの知識をただ求めてさまようのではなく、心がしっかりと落ち着き、安定するからです。

『神の国の歴史』という教材は、この「神様が計画された神の国」と「自分」を関連づける助けをします。

壮大なスケールの「神の国」を表す教材は、広いお部屋で大きく広げて紹介されます。教具は、長い長いグログランテープというリボンです。リボンには細かい織りがあるのですが、その「織り目一本が千年を表します」と、子どもたちに話して見せます。そして、青い色のリボンの最初の部分を、聖書の創世記1章1節のページに挟みます。「何十億年も昔に、私たちの住んでいる地球が造られました。初めは真っ暗で生命は何もありませんでした。だんだん海と陸に分かれていきました。」話をしながら、時間の流れを身体で感じるために、リボンを伸ばしながら一緒に歩いていきます。

青いリボンはやがて、生命が現れる所から茶色に変わります。「ある時、小さな小さな生命が海の中に誕生しました。地面にも草花が生え、空気は呼吸するのに適したものになりました。」「海の中に、動く生き物が出てきました。魚です。地上にも、両生類、爬虫《はちゅう》類、空を飛ぶ鳥類、そして哺乳類……と、動物が出てきました。そして、たくさんの種類に分かれていきました。」

「その中には、私たちに少し似た生き物もいました。でも、まだそんなに知能のある生き物ではありませんでした。本当の人間らしい人間、つまり知性があり、働く知能を持つ人間となるまでには、まだかなりの時間がかかりました。」こう話しながら、長いリボンを伸ばして歩き続けます。

リボンの途中に、人間と手が刺しゅうされている所が現れます。そこで立ち止まり、人間誕生の話をします。「ある時、人間の手は何かを見つけて拾い、物の形を造り変えたのでした！　これは、この歴史の重要な瞬間です。人間が何かを拾い、手を使って価値あるものに作り替えたのです。石を拾って、棒きれに結び付け、トンカチのような道具を作ったのかもしれません。人間の手が知性に導かれたものだったので、そのようなことができたのです。」「神様に造られた人間はこうして、手を掛けさえすれば、地球上にあるもの全てが役に立つことを知ります。石は道具になるし、木を切れば家を建てる材料になる。羊の毛で服を作ることもできるし、魚や動物、植物を取って料理すればおいしく食べられます。」

「ところが、ある時、人間にこんな疑問が湧いてきます。人間より前には知性を持った生き物は地球にいなかったのに、一体なぜ地球上には人間に必要なものが全てあるのだろうか？　誰が人間のためにこれらを愛情を込めて、準備してくれたのでしょうか？」

ここまで話を聞くと、子どもたちから「神様！」という声が出てきます。みんな、そんなこと知っているよ、という顔です。「その答えは『聖書』の中から見つけましょう。」そう言って、聖書を開いて読みます。「『神は天と地と、それらを満たす全てのものを創造された。』神様が人間のためになさったすばらしいみ業を、〝天地創造〟と呼ぶことにしましょう。」第一のキーワードを与えます。

「人間は増えていきます。そして、自分が一番偉いと考えたり、悪いことを考えたりする人も出てきました。神様はそんな人間を憐れんで救おうとお考えになり、天地創造でくださった物よりも、もっとすばらしい贈り物をしてくださったのです。それは何だと思いますか？」すると、子どもは首をかしげます。「ダイヤモンド？」「お金？」

「友達？」でも、どれもすでに地球にあるものばかりです。何だろう？と考える子どもたちに、「それは、神様ご自身です」と言うと、びっくりして「どういうことだろう？」

という顔をします。

「ある日、ベツレヘムに一人の男の子が生まれました。私たちと同じ姿をした、救い主イエス・キリスト様です。」そう言うと、そういうことか！とピンときた表情に変わります。「この男の子は、人間として生まれ、育ち、そして亡くなりました。でも、十字架にかかって亡くなった三日後に復活しました。この日から、キリスト様は私たち人間にも、この死よりも強い生命のお恵みを与えてくださっています。この出来事を〝あがない〟（または、〝すくい〟）と呼びます。」

茶色のリボンの最後には、〝あがない〟のシンボルの十字架が刺しゅうされていま

す。この〝あがない〟（または、〝すくい〟）は、第二のキーワードです。

「復活して二度と亡くなることのない永遠の命をもったキリスト様は、それを自分だけではなく、人間みんなに分けてくださいました。私たちはキリスト様と同じ強い生命のお恵みをいただいたのです。この〝あがない〟（または、〝すくい〟）という出

来事から二〇一七年がたちました。」壮大な神の国の歴史を感じる、長い長いリボンに〝あがない〟(または、〝すくい〟)のしるしとして十字架が刺しゅうされていますが、その十字架の刺しゅうの後、二本の折り目、つまり二千年たったところでリボンはいったん途切れます。

「このリボンの一番最後の端っこが、今日のことです。今日でこの歴史のリボンは終わっています。でも、神の国の歴史は今日で終わりでしょうか？　違いますね。まだ明日から先もずっと続いていきます。」天地創造からずっと見てきた神の国の歴史は、まるでたくさんのことが書かれた本のようです。でも、まだこれからも書く白いページが残っています。「明日からの続きは、誰が造っていくのでしょうか？」そう聞くと、「神様！」「私たちも！」「私たちが神様と一緒に造っていく！」という声が上がります。この瞬間の子どもたちの顔は、「やるんだ！」という使命感と希望で輝いています。「明日から先のことはこれから書いていく白いページのようなので、白いリボンをここにつなげましょう。」そう言って、白いリボンを付け足します。

「ところで、この白いリボンはどのくらいの長さ続くのでしょう？　それは、神様にしか分かりません。でも、この神の国の歴史が完成する日がどんな日なのかについては、聖書に書かれているのですよ。」そして、幾つかの聖書の言葉を読み上げます。
「神がすべてにおいてすべてとなる。」（一コリント15・28参照）
「太陽は再びあなたの昼を照らす光とならず、月の輝きがあなたを照らすこともない。主があなたのとこしえの光となり、あなたの神があなたの輝きとなられる。」（イザヤ60・19）
「神は自ら人と共にいて、その神となり、彼らの目の涙をことごとくぬぐい取ってくださる。もはや死はなく、もはや悲しみも嘆きも労苦もない。最初のものは過ぎ去ったからである。」（黙示録21・3―4）
「今は太陽や月に私たちは照らされているけれど、その日が来たら神様が私たちのことを照らしてくださるんですって。神様がお造りになった天地創造も、また新しく造り変えられるのです。そして、涙や悲しみは永遠になくなるのです」などと、難しい箇所は言葉を添えながら、「その日」がすばらしい日であることを話していきます。
「その、『神がすべてにおいてすべてとなる』時を、『再臨』と言います。（第三のキーワード）その時、神の国は最高のものに定まるでしょう。」

「**天地創造**から始まるこの歴史は
あがない（または、〝すくい〟）で頂点に達し、
再臨で完全なものとなります。
これは、神の国の歴史と呼ばれ、聖書の中に語られているのです！」

この後、最初の場所に戻って子どもたちを集め、この三つのキーワードの書かれたカードを置いたり、説明文や聖書の言葉が書かれたカードを置いたりしてこのお話を振り返ります。カードを置きに行く時、必ず歴史の始まりであるリボンの最初の場所から出発して、その都度歩いて行くことにします。子どもたちは、「長いなぁ」と言いながらリボンに沿って歩き、身体を使ってこの壮大さを実感していきます。

神の国の歴史はなんと壮大で、人間の存在はなんと小さいことでしょう。それにもかかわらず、この小さな人間のために神様が大きな愛を注いでくださっていることを感じるのです。そして、「今」を生きている子どもが「歴史」と「未来」を知ることにより、より意味深く「今」をどう生きようかと考えていくのです。

この教材は年長組の三学期に紹介されます。これから、「何をするべきか、するべ

きではないか」を行動に移していこうとする年齢の子どもたちが、神の歴史の一員として考える時のナビゲーションとなっていきます。もう、ただ神様に保護され、安心している小さい子から卒業して、「神様と共に働き、神の国を造っていく者」として成長していくのです。

子どもたちが繰り返してできるように、アトリウムのお部屋に扱いやすいサイズにした「神の国の歴史」の教材が準備されています。壁にはリボンや歴史やキーワードや聖書の言葉が書いてある大きな表が貼ってあり、その下にはガイドの本を読みながら、自分でいろいろなシンボルや言葉のカードを置いていけるようになっている表が置いてあります。お友達と一緒にこの活動をしたり、その後に、表を自分で書いて大作を作り上げる子もいます。

幼稚園に来ている子どものほとんどがクリスチャンではないにもかかわらず、二年もしくは三年間幼稚園に通いながら、神様のことをよく知り、親しみ、卒園の頃には神様のご計画に自分も参加していこうと自ら望むところまで成熟します。目の当たりにしていないと、もしかしたら信じがたいことかもしれません。

聖書の最初のページにリボンを挟みます。

歩きながら壮大な時間を体感します。

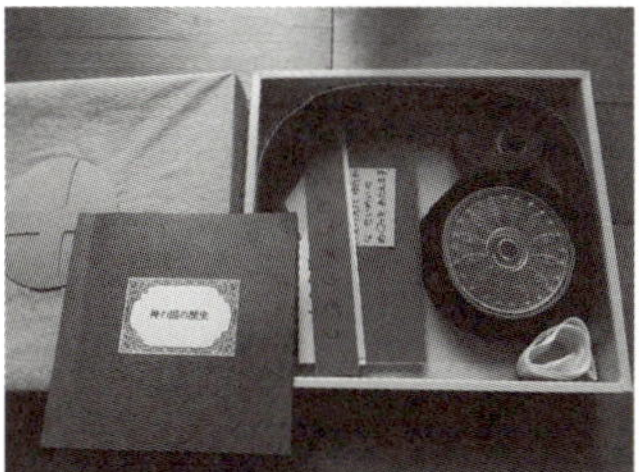

『神の国の歴史』の教材

知性に導かれた手を持つ人間の登場

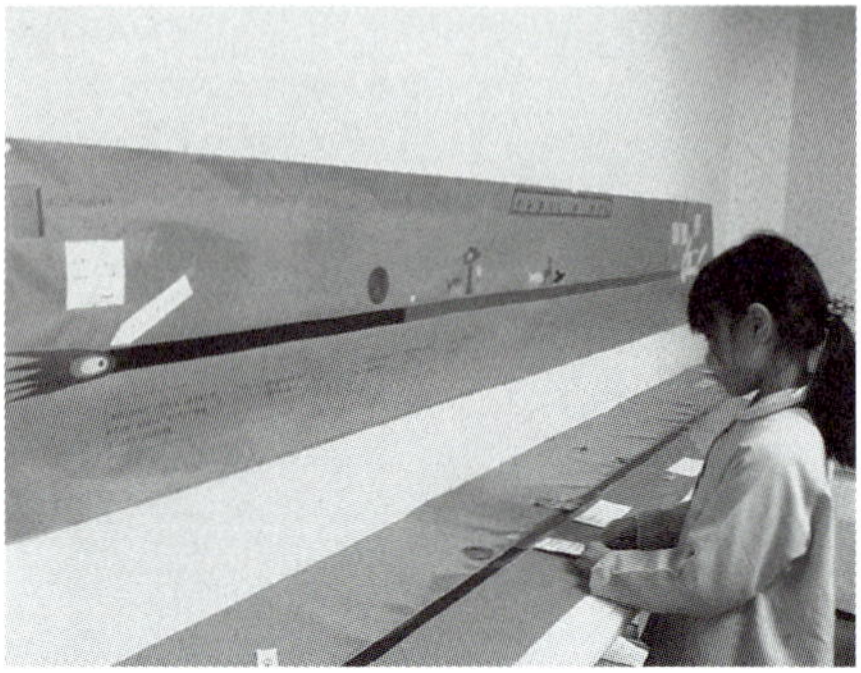

歴史の流れをゆっくり味わいながら、
カードを置いていきます。

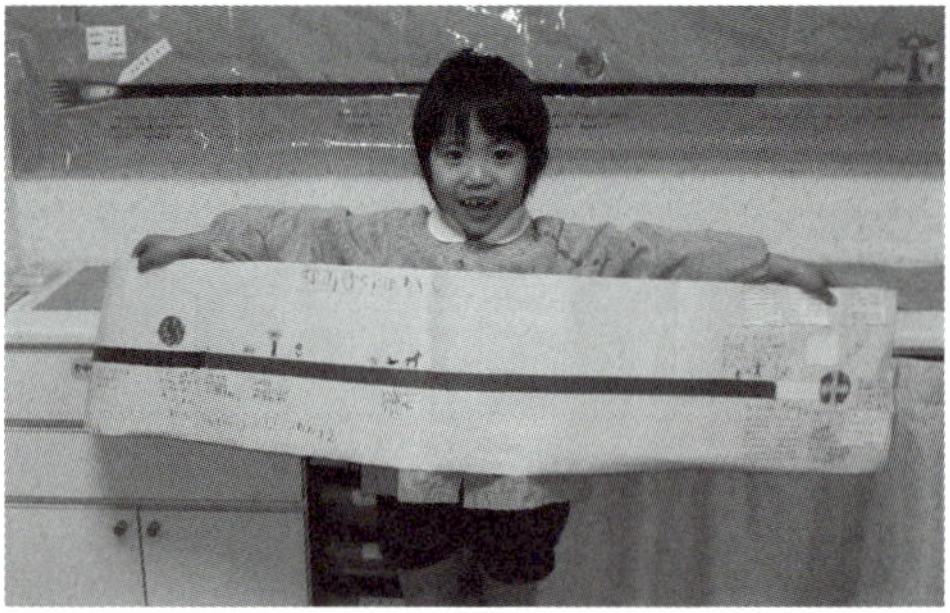

大作ができ上がりました！

8章
キリストの復活

あの方は、ここにはおられない。
復活なさったのだ。

ルカ24・6

最後の晩餐《ばんさん》　ご聖体の始まり

「すべての国のすべての時代の人と一緒にいたい」イエス様の意志

復活祭は毎年、日にちが変わりますが、幼稚園では春休み中のことが多く、ゆっくり復活について子どもたちにお話しすることができないことが多いです。また、小さい子どもたちには理解が難しいのではないかと危惧《きぐ》し、イースターエッグを飾ったり、かわいらしいイースターバニーの絵本を読んだりはしても、教具を準備するのは先送りにしていました。

ところが、去年の新学期に年長さんになった子どもたちに「良い羊飼い」の話をした時のことです。「イエス様って、どんな方でしょう？」と尋ねると、「十字架にかかって亡くなったんだよ。でも、三日目に復活したんだよ！」と言った子がいました。その子は、カトリックの信者さんではありませんでした。なぜ復活のことをこんなにすらすらと語れるのかと不思議に思いましたが、見ると他の子どもたちも、「そうだよ。そのこと、知ってるよ」と言うかのように、うなずいてにこにこしているのです。

後日、他の先生と話し合うと、年中組の時に「イスラエルの模型（4章参照）」を紹介し、エルサレムについて簡単に話したことが心に残っていたのではないか、ということになりました。小さい子どもにとっても「復活」は決して恐怖ではなく、とても神秘的で印象深い、大きな恵みの出来事だということが十分伝わるのだと分かりました。そして、子どもたちこそ神様のみ業を感じることができる偉大な力を持つ存在だということを思い出しました。


さて、今回は「最後の晩餐」のジオラマの教材についてです。「最後の晩餐」というと有名な絵画のイメージも強く、解説者はすぐに裏切り者のユダについて語りたがりますが、子どもたちに伝えたい要点は、「復活祭の神秘」と「パンとぶどう酒の中で、すべての時代の、すべての場所の人々と一緒にいたいという、イエス様の意志」です。

まず、先生が分かりやすくお話しします。

「エルサレムでは、イエス様の人生のたくさんの出来事が起こりましたが、特に重要なのがイエス様の死と復活の出来事です。すべてのヘブライ人は、過越祭を祝い、祭りの晩餐では旧約聖書のいろいろな祈りが唱えられていました。イエス様も、小さい時から毎年このような過越祭を祝ってきました。

ある年、イエス様はこの伝統に従って、いつものように弟子たちと過越祭を祝いました。おそらくイエス様はその時、晩餐の進行役となり、祈りを唱えたのでしょう。でも、この晩餐の時は今まで聞いたことがない、新しいことをおっしゃったのです。パンを取って、『これは私のからだである。』そして、カリスを取って、『これは私の血である』と言われたのです。

良い羊飼いが羊たちのために命をささげるその時が来たのを、ご存じだったのでした。でも、イエス様は彼らと一緒にいたかったのです。弟子たちだけではなく、これから来る羊たちとも。つまり、すべての人間と一緒にいたかったのです。だから、パンとぶどう酒によって人々と共にいられるように、こうおっしゃったのです。」

こう話してから、ルカ22章7–13節と、マルコ14章22–26節が書かれた『最後の晩餐』という小さい本を読み、人形を動かして見せます。

そして、終わりにこう続けます。「最後の晩餐は、木曜日でした。そして次の日、良い羊飼いであるイエス様は羊たちに命をささげました。エルサレムの近くにあるカルワリオで、十字架にかけられて亡くなったのです。そして、三日後の日曜日の明け方に、羊たちに命をささげた良い羊飼いは、もう二度と死なず、ずっと羊たちと一緒にいられるように、復活しました。」

十字架とろうそくを、ジオラマのテーブルの上に置き、ろうそくに火を点けます。

教会学校では、「最後の晩餐」から続けて「ご聖体の起源」についても話していけます。イエス様のご昇天や聖霊降臨、弟子たちがミサをささげるようになり、世界中に宣教していったこと、教皇や司祭の始まりまで人形を使って続けて見せられます。

小学二年生の子どもたちに、「復活の後、また弟子たちが集まって最後の晩餐のようにしました。その時、イエス様はあの時のような姿ではなく、違う姿でその場におられました。イエス様はどこにいると思う？　指さしてみて」と言うと、ある子はペトロを、ある子は十字架を、ある子はろうそくを指しました。そこで、「イエス様は、このパンとぶどう酒の中にいらっしゃるのよ」と言うことができました。もうすぐ初聖体を迎える子どもたちの心に、強く刻まれたらうれしいです。

教会学校の子どもたちと

「最後の晩餐」のシーン

やがて、教会になっていきました。

エルサレム

「この城壁の門をくぐり」イエス様と一緒に歩く

イエス様の時代のエルサレムの様子を分かりやくす紹介する教具に、「エルサレム」の模型があります。

エルサレムの町の構造がよく分かり、先生の話を聞きながら眺めると、まるでイエス様と一緒に町の中を歩いたような気持ちになります。六歳以下の小さい子どもたちには、「みんなは、エルサレムという町を知っていますか？　イスラエルのユダヤ地方にある町で、イスラエルの中でも特に重要な町でした。今でもヘブライ人にとって宗教的に大切な場所であり、イスラエルの国の中心地です。周りは城壁で囲まれていて、人々はこの中で安心して生活をしていたのです。この一番大きな建物は、今で言うと教会のように神様にお祈りをする場所、『神殿』です。町の中の高い位置にあって、気持ちの良い風の吹いてくるような場所。イエス様もよく、弟子たちと一緒に神殿に行っていたそうですよ」などなど、主要な場所の名前と、どんなことがあったのか、などを話してあげます。

六歳以上の子どもたちには、もっと詳しく書かれた本をもとに話していくことができます。

「キリスト教の信者にとって、エルサレムはとても大切な町です。それは、イエス様が地上の生活で、とても重要な時期をここで過ごされたからです。」

「イエス様はヘブライ人の習慣のとおり過越祭を祝うため、**広間**に弟子たちと集まりました。過越祭とは、ずっと昔、神の民と言われたヘブライ人がエジプトの奴隷になり、自分たちが信じる神様を崇拝する自由がなかった時に、神様がエジプトに十の災いを与えてヘブライ人を救ったことを記念して祝う祭りです。イエス様が生まれるずっと前の出来事ですが、ヘブライ人はこの祭りをずっと大切に続けていたのです。」

「**最後の晩餐の広間**で弟子たちと過越祭の食事をしていたイエス様は、食事の途中でパンを取り、賛美の祈りを唱えてそれを裂き、弟子たちに与えて、こう言いました。

『これを取りなさい。これはわたしのからだである。』また、食事の終わりには、ぶどう酒の入った杯を取り、感謝の祈りを唱えて、こう言いました。『これは、わたしの血、契約の血である。』」

「食事の後、**オリーブ山**と呼ばれる所にイエス様と弟子たちが行き、祈っていると、人々が来てイエス様を捕らえました。とうとう、その『時が来た』のです。弟子たちは皆、イエス様を見捨てて逃げてしまいました。」

「**カイアファの家**で、大祭司が『お前は神の子、メシアなのか？』と聞きました。イエス様が『そうです』と答えると、ののしり、死刑にするべきだと言い渡しました。」

「**アントニアの塔**には、ローマの総督ピラトが住んでいました。ヘブライ人には死刑にする権限がなかったので、人々はピラトの所へイエス様を連れて行きました。」

「次に人々は、**ヘロデの宮殿**に住んでいるヘロデ・アンティパスの所へイエス様を連れて行きました。ヘロデはユダヤの支配権を持っていて、いろいろと尋問しましたが、イエス様は何もお答えになりませんでした。」

「ピラトのいる**アントニアの塔**に、イエス様は再び連れて行かれました。ピラトは祭司長たちと議員たちと民衆とを呼び集めて、死刑に当たるかどうか何度も聞きました。ところが人々が十字架にかけるように大声で言い続けたので、ピラトはその要求を受け入れてしまいました。」

「**ゴルゴタの丘**と呼ばれる丘で、イエス様は十字架にかけられました。そばには、母マリアとヨハネがいました。昼の十二時ごろ、イエス様は十字架の上で、『父よ、わたしの霊を御手にゆだねます』と言って息を引き取りました。ローマ兵とヘブライ人の群衆が十字架を取り囲みました。」

「イエス様は亡くなった後、岩に掘られた**お墓**の中に納められました。」

「日曜日に婦人たちがお墓へ行って見ると、石がお墓の脇に転がしてあり、中は空っぽでした。驚いていると、輝く衣を着た人が現れて言いました。『あの方は**復活なさった！**』」

「復活の後、四十日にわたって弟子たちに現れ、神の国についてお話しになりました。そして、オリーブ山で雲に覆われ、天の父のもとへと上げられました。」

「復活から五十日後、再び**広間**で弟子たちとイエス様の母マリア様が集まっていると、みんな聖霊に満たされ、〈霊〉が語らせるままに、他の国々の言葉で話しだしました。弟子たちは驚き、また喜び、イエスの復活を告げ知らせるため、それぞれ旅立って行きました。」

模型を見ながらこのお話を聞くと、「最後の晩餐の後、イエス様と弟子たちはこの階段を下って、城壁のこの門をくぐり、オリーブ山に歩いて行ったのだな」などと、実にリアルにイエス様の歩かれた道をたどることができます。十字架にかけられて亡くなるところまで実に長く苦しい気持ちにもなりますが、「復活なさった！」という箇所では模型のお墓の横に立てられた小さなろうそくに火をともし、輝かしい光となられたことを見て感じます。

そして、イエス様の昇天や、聖霊降臨のように、喜ばしい出来事も知ることができます。

この体験は単なる知識ではなく、信仰と希望へ導くものとなるはずです。

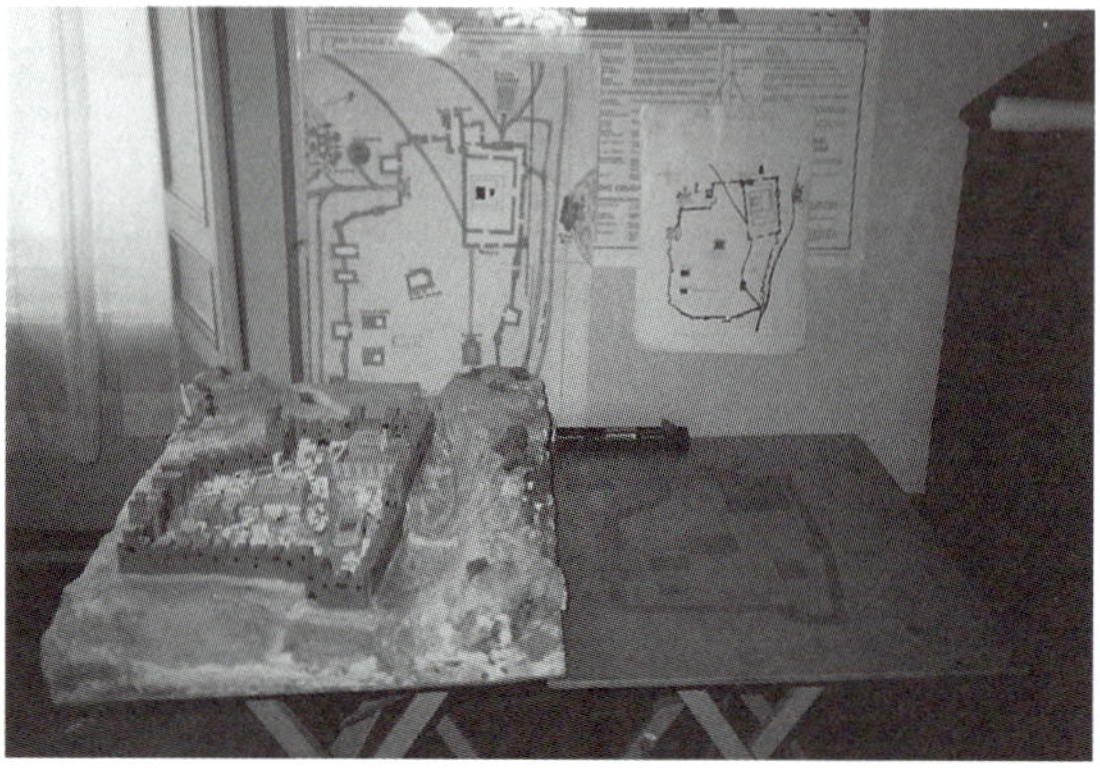

ローマのアトリウムの、エルサレムの模型

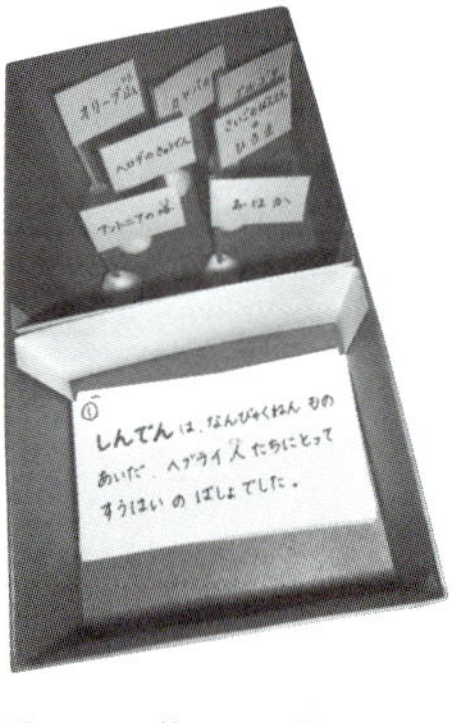

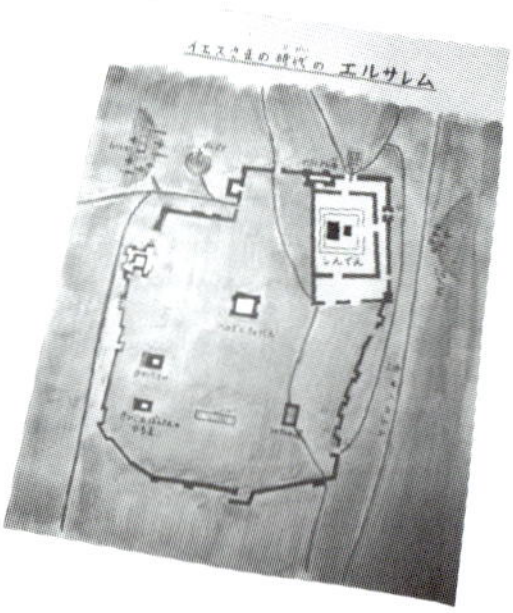

エルサレムの地図

自主活動として、旗をその場所に置いたり、
説明のカードを順に置いていきます。

過《す》越《ぎこし》祭《さい》

「互いに愛し合いなさい」弟子たちが初めて聞いた言葉

小学生や中学生と、過ぎ越しの食事の流れを知ることから神様のご計画、復活やミサについて深められます。

「旧約聖書に書かれているお話をします。イエス様がお生まれになる前の話です。ヘブライ人たちは昔、エジプトで奴隷とされていました。エジプト人の言うとおりに働かなければならず、自由がありませんでした。いちばんつらかったのは、自分の信じる神様を拝んだり、お祈りするのを許されなかったことでした。エジプト人はその頃、偶像崇拝で他の物を拝んでいたからです。

ある日モーセは、自分たちヘブライ人をエジプトから救い出してくださるというお告げを神様から受けました。神様はヘブライ人を救い出すために、エジプト人にさまざまな災いを与えたのです。

水が血となる。カエルが襲ってくる。ぶよが襲ってくる。あぶが襲ってくる。飼っている牛や馬が病気になる。人間や牛や馬に腫れ物ができる。雹《ひょう》が降る。いなごが襲ってくる。三日の間、闇になる。

しかし、それほどの災いが起きてもエジプト人は神様を信じませんでした。そして、ヘブライ人が神様を拝むことを許さなかったので、とうとう神様は最後の手段に出ました。ある夜、人をはじめ牛や馬に至るまで、エジプトの全ての子どもを打ったのです。ヘブライ人にはこの災いが降りかからないように、家の門に羊の血を塗っておくように言いました。神様の言うとおりにしたヘブライ人は、この災いを免れましたが、エジプト人の子どもは皆、死んでしまいました。

エジプトの王はこの災いを恐れ、ヘブライ人たちをエジプトから追い出しました。王の気が変わらないうちにと、ヘブライ人は急いで国を出ました。神様の力によって、とうとうエジプトの奴隷から抜け出し、自由になることができたのです。」

「この出来事はずっと、ヘブライ人の子孫に語り継がれました。そして、神様がしてくださったこの出来事を忘れないように、過越祭を毎年行ったのです。なぜ、〈過越祭〉と呼ぶかというと、羊の血を塗ってしるしをした家は災いが起きず、〈過ぎ越した〉からです。
それでは、イエス様も弟子たちと行ったユダヤ教の過ぎ越しの食事の流れを見ていきましょう。

◇◆　◇◆　◇◆

子どもたちと役を決めて、羊・種なしパン・苦菜《にがな》を置いた食卓を囲んで座り、台本どおりに進めます。

ナレーター①　過越祭の日がやってきました。それは木曜日でした。イエス様はペトロとヨハネに言いました。

イエス様　「行って、過ぎ越しの食事ができるように準備しなさい。」

ナレーター①　二人は行って、イエス様の言われたとおりに準備しました。

ナレーター②　時刻になったので、イエス様は食事の席に着きました。弟子たちも一緒でした。弟子の名前は、ペトロ、ヨハネ、アンデレ、ヤコブ、フィリポ、バルトロマイ、トマス、マタイ、ユダ、アルファイの子ヤコブ、シモン、タダイです。

皆、席に着き、過越祭の決まりのとおり、神様をたたえる賛歌を歌いました。

イエス様と弟子たち全員　「主よ、賛美します。永遠なる王、あなたは私たちを生かし、その血を絶やすことなく、この時代までたどり着かせました。」

ナレーター②　祭りの決まりで、その中のいちばん若い者がこう言います。

若者　「今夜は他の日と、どう違うのですか？　毎日、発酵して膨らませたパンも膨らませず、種なしパンと言われるパンも両方食べているのに、今夜は種なしパンだけです。いつもはいろいろな野菜を食べるのに、今夜は苦菜だけです。」

ナレーター②　その中のいちばんのお年寄りが答えます。

長老①　「エジプトで奴隷だったのを、私たちの神様が脱出させてくださったのだ」。

ナレーター②　また、別のお年寄りが言います。

長老②　「過越祭に三つの物を食べなければ、私たちの感謝の気持ちが満たされないのだ。その三つが、小羊、種なしパン、苦菜なのだ。」

若者　「どうして小羊を食べるのですか？」

長老①　「なぜなら、小羊の血を門に塗ることによって、その家がヘブライ人の家だと分かり、滅びの天使が過ぎ越して救われたからだ。」
若者「どうして、種なしパンなのですか？」
長老②「なぜなら、主がヘブライ人を救い出そうとなさった時、パンを発酵させ、膨らませる時間がなかったからだ。」
若者「どうして、苦菜なのですか？」
長老①「エジプト人たちがヘブライ人にきつい仕事をさせ、苦い思いをさせたことを忘れないようにだ。」
ナレーター①　エジプトから救われた話を聞いた後、今度はイエス様が話をされました。
イエス様「互いに愛し合いなさい。わたしがあなたがたを愛したように、あなたがたも互いに愛し合いなさい。」
ナレーター①　そして、食事の途中でパンを取り、祝福し、割って弟子たちに与えておっしゃいました。
イエス様「これを取って食べなさい。これは、あなたがたのために与えられるわたしのからだである。」

ナレーター①　この言葉は過越祭でいつも言う決まりになっているものでなかったので、弟子たちは驚きました。また、杯を取り、感謝をささげて弟子たちに与えておっしゃいました。

イエス様　「これを取って飲みなさい。これは、わたしの血の杯。あなたがたと多くの人のために流されて、罪のゆるしとなる新しい永遠の契約の血である。」

ナレーター①　イエス様はなぜ、こうおっしゃったのでしょうか。それは、イエス様がすべての時代の人々を愛しておられ、すべての時代のすべての人と一緒にいたかったからです。だから、弟子たちにイエス様がなさったこのことを再び行うようにと言いました。

イエス様　「これをわたしの記念として行いなさい。」

ナレーター①　そして、皆で感謝の祈りをささげながら、オリーブ山に出かけました。

羊の肉は用意が難しいので、縫いぐるみで代用して中学生に紹介しました。

9章
洗礼とゆるしの秘跡の準備

わたしの愛にとどまりなさい。

ヨハネ15・9

洗礼

「イエス様の羊になったしるし」洗礼は良い羊飼いの群れに入るための門

洗礼は秘跡の始まりですが、子どもたちには「良い羊飼いの群れに入るための門」だと話すこともできます。洗礼はキリスト教の生命への入門（入門とはその生活に参加する、あずかるという意味です）であり、洗礼を通して私たちは復活したキリストの生命にあずかります。死に復活したキリストの生命にあずかるというのは、「聖霊の働き」にあずかることです。なぜなら、キリストは聖霊の力によって復活したからです。聖霊とは神の愛です。愛とは力です。

私たちは良い羊飼いの群れに加わりながら、いつも聖霊の力の上にとどまります。

これらを理解するのが難しい人もいるかもしれませんが、それを胸に含みつつ「しるし」を見ていくにつれて、より明らかになっていくでしょう。三歳の子どもであっても洗礼の時にはこの「しるし」を通して、死に復活したキリストの生命にあずかることをお話しすることができます。

I　光

復活のろうそくと子どもたちの人数分のろうそくを準備し、復活のろうそくを囲んで座ります。

＊「この大きなろうそくは、復活のろうそくと言います。イエス様のご誕生の前は、人々は預言者の言葉を聞いて、救い主であるイエス様がお生まれになるのをずっと待っていましたね。そして、とうとうイエス様がお生まれになると、その光は世界を照らし始めました。」

復活のろうそくに火をつけ、「光であるイエス様が、お生まれになりました」と言います。

＊「しかしある時、闇がその光を打ち負かしたのです。イエス様はこのことが起こるのをご存じでした。『良い羊飼いは羊たちのために命を捨てる』と言っていらしたように。」

そして、生命のシンボルの火を消し、「イエス様は亡くなりました」と言います。
＊「でも、闇が勝ったのは、ほんの少しの間だけでした。光はまた、再びともされたのです。今度は二度と消されることがありません。」
　再び火をつけます。「なぜなら、イエス様は復活されました。」

　復活のろうそくに火をつけ、一度消し、再び火をつけるという流れを見て、子どもたちだけでなく大人も復活についてより感覚的に体感することができるのです。

　子どもと、この新しい光について話し合います。この光が、特別なものであること、強く権威のある光であること、イエス様はご自分だけの内にこの新しい生命をおさめようとはせず、人間に贈り物としてお与えになったこと、復活のその日から人間はこの光を心の中に受け取り、ますます光り輝いていることなど、子どもたちの声を聞きながら話していきます。
　次に、この光が人間にも贈られたことを体感していきます。

「私たちの洗礼の日、この光は私たちのところにも贈られました。」

子どもたちにろうそくを配ったら、一人ひとりの名前を呼んであげ、復活のろうそくのところに火をつけに来させ、その後、席に戻ります。

そして、この光が貴重な贈り物であること、この特別な光は洗礼の日に心の中にともされたこと、もし最初にキリストが闇に勝っていなければ、この光が私たちのところに灯されることはなかったでしょうし、またもし、キリストが私たちにくださらなかったら、私たちの心の中に光が来なかったでしょうと話し合い、最後に復活のろうそくの周りに、みんなのろうそくを立てて大きな光となった様子を見ます。

Ⅱ　白衣

ミニチュアの白い衣を子どもたちに見せます。

「洗礼の日、私たちは真っ白な衣を身に着けました。それは、私たちの心の中に光をいただき、私たちの中はすっかり変わったのですということを、外見でも分かるようにするためです」と話します。

Ⅲ　水

洗礼盤のミニチュアと、水の入ったピッチャーを準備します。

「神様の光は、水を通しても私たちのところへ来ます。水は何をする時に必要ですか？　汚れを取ったり、生命を与える時に必要ですね。だから、洗礼の時にも、水を使います。」

そう言って、左の手を握りこぶしにして赤ちゃんの頭に見立て、洗礼盤の上で三回水をかけます。

「洗礼の時、このように水をかけたのですよ。その時、神父様はこのような言葉もおっしゃいました。父と子と聖霊のみ名によって、○○○さんに洗礼を授けます。」

子どもたちにやってみたいか尋ねると、興味をもってやりたがります。三回自分のこぶしに水を注いでいる横で、先生がその子の名前を呼んで、「父と子と聖霊のみ名によって、○○○さんに洗礼を授けます」と言ってあげると、とてもうれしそうな顔をします。

ローマのソフィア・カヴァレッティ先生のアトリウムにあった洗礼盤は、五世紀の物だそうです。そんな貴重な物を三歳から六歳の子どもの教材に使うとは驚きますが、小さい時から本物に触れさせてあげるという、子どもへの尊重を感じます。

この洗礼盤には、意味のある彫刻がしてありました。中央にはまず門があり、その上に釣り人がいます。反対側には水に飛び込む人がいて、水に飛び込んだ人は釣り上げられると、魚の姿に変わって水から上がってきているという絵です。

釣り人というと、イエス様がガリラヤ湖で弟子に、「わたしについて来なさい。あなた方を人を漁る漁師にしよう」（マタイ4・18－19）とおっしゃったのを思い出すように、この絵の釣り人は、教会を示す門の上に座った洗礼を授ける人です。

飛び込む人は、洗礼を受ける人。釣り上げられた時に魚に変わっていますが、それは、魚は昔からキリスト教徒の主なシンボルとなっていたという歴史を知ると、その意味を理解することができます。ローマでカタコンベに逃亡した初代キリスト教徒は、仲間への合図として壁に魚の絵を彫りました。ギリシャ語で「魚（イクトゥス）」という単語は、「イエス、キリスト、神の子、救い主」というフレーズの頭文字によって綴られているからだそうです。よってこの洗礼盤の絵は、人は洗礼の水の中に入ると、キリストに似た姿となって、再び生まれるという意味の絵なのだそうです。

この絵だけでもう、洗礼がどういうことか十分に分かった気がします。

Ⅳ　み言葉

聖書を見せ、「み言葉を通して、神様の生命は光と共に私たちのところまで届きました。こうして、私たちは、心の中に光を持った羊になりました。福音書は、私たちを大きく育てるための神様の秘密が書かれています」と話します。

Ⅴ　小さい十字のしるし

「私たちは洗礼の時、十字架のしるしをしていただきました。神父様は、私たちの額に小さくしるしをしたのです。これは、羊にもしるしがついているように、この子が良い羊飼いであるイエス様の羊になったと見分けるためのしるしです。親指で、まるで中までよくしるすかのようにしました。」

このように話し、親指で額に十字をしるして見せます。

Ⅵ　大きい十字のしるし

「洗礼の時、大きい十字架のしるしもいただきました。〝盾〟を知っていますか？昔、戦う時に自分の身を守るために使った道具ですね。体の前に十字架を盾のようにしるして、イエス様に守られていることを示すように大きな十字架のしるしをしたのです。」

体の前で大きな十字をしるして見せます。

Ⅶ 按手

ミサのお話でもありましたが、按手をして見せ、「洗礼の時、神父様はこのようになさいました。このジェスチャーを知っていますか？ 按手です。どうしてこのように手が開いているのかしら？」と尋ねます。「誰かに何かをあげたい時には、手を開かないと手の中にあるプレゼントをあげられませんね。何かをあげるジェスチャーです。」

「神父様は洗礼の時にこのジェスチャーを水の上にしたのですが、水に何をしたのでしょう？ 力をあげたのです。良い羊飼いに、新しい羊が生まれるための力です」と話します。

Ⅷ　洗礼志願者の香油

香油の入っている入れ物を見せます。そして、「これは、洗礼志願者の香油と言われる油です。皆さんはいつもお食事の時、油もいただいていると思いますが、油は栄養ですよね。洗礼の時、新しい生命が育つように栄養としてこの香油をいただきました。」

そう話して、胸の上に十字のしるしで塗油することもできます。

Ⅸ　聖香油

もう一つの香油の入っている入れ物を見せ、「これは、香りのする油で、聖香油と言われます。この洗礼を受けた子どもが、光を持っていることを皆に気づかせるために、香りのする油を塗りました。」香りを嗅いだり、額に十字のしるしで塗油したりできます。

これらのしるしを、二つずつくらい子どもたちに紹介していき、実際に子どもが自分でやってみたり、副教材の絵カードの絵を写してみたりを繰り返し活動していくうちに、やがてこの洗礼のお話は子どもたちの心の中で良い羊飼いのお話とつながっていきます。

イタリアの六歳の男の子マルコは、羊の絵を描いた後に横にろうそくを描き、「とても幸せなの」と言いました。カテキスタがなぜかを尋ねると、「神様と一緒だから」と答えました。

六歳のカロラは、柵と洗礼のしるしの白衣、光、香油、神のみ言葉を結びつけて絵を描きました。羊が直接ろうそくに火をもらいに行っている絵です。（『IL POTENZIALE RELIGIOSO DEL BAMBINO』ソフィア・カヴァレッティ著より）

このような子どもの絵を見ると、しるしは理論や定義ではなく、たとえ話のような力があるのだと感じます。しるしが子どもの心の中で、それぞれの形で大きく膨らみつながっていくのを、楽しみに見守っていきたいです。

ローマのアトリウムの
3～6歳の部屋の教具

6歳以上の部屋の教具

洗礼のポスター

5世紀の洗礼盤

ローマ、サン・カリストのカタコンベの壁画

「とても幸せなの。神様と一緒だから。」

頭のみの羊が、ろうそくに火をもらいに行っている。

まことのぶどうの木

「樹液を受けて実をつける」枝である私たちはイエス様の一部

ローマのアトリウムでは、クリスマスや復活祭と同様に初聖体の準備も一カ月ほど前からしていました。そして、いよいよ初聖体を受ける直前には、学校もお休みして五日間の黙想会を行っていました。黙想会はいつものアトリウムではなく、聖堂と隣接したお部屋と、五月の美しいバラが咲き乱れるお庭のある修道院を借りて、そこで過ごしました。

実際近年のイタリアでは、まるで結婚披露宴のように華やかにお祝いの席やプレゼントを用意する人たちもいるようなので、初聖体自体が子どもへの大きな贈り物だから、派手にパーティーを開いたりプレゼントはしないようにと保護者にお願いしていたソフィア・カヴァレッティ先生のやり方は、とても真面目で宗教的な喜びを大切にしたものだったと思います。

初聖体を受けたいかどうかは、半年前のクリスマスの後の初めてのミサで、全員の前で導きのお知らせがあります。イエス様との大切な出会いである初聖体は、本当にその子がイエス様を友達として感じられるまで待つのです。ある年齢に達したからなどというだけの理由ではなく、ふさわしい時が来るのを大切にします。決心をした子は、自分の名前を書いた紙を貼ります。そして、自分の決心をイエス様に言います。「イエス様は、あなたが生まれた時からこの時を待っていましたよ。」迷う子どもには、祈りによって決心に導かれるように助けてもらいます。

黙想会では毎日午前中一時間半ほど、先生から聖書のお話を聞いたり、自分の好きな教具に触れたり、み言葉を書いたりして過ごします。昼食の後、午後は美しい庭で遊んだり歌ったりし、また部屋で活動をし、最後に聖堂で過ごします。

日本語では「初聖体」、つまり初めてのご聖体という言い方をしますが、イタリア語だと「プリマ　コムニオーネ」、つまり初めての共同体というニュアンスです。ご聖体によって、イエス様とだけでなくイエス様を信じる全ての人ともつながることを、「まことのぶどうの木」（ヨハネ15・1－9）によって伝えていきます。

「特別な姿で私たちが会うイエス様は、良い羊飼いでしたね。その時、私たちは誰だったでしょう？　羊でしたね。」「イエス様がどういう方か、御父がどういう方か、私たちは誰なのかを、イエス様はまた、違うたとえ話でお話しされました。」「私は、まことのぶどうの木です、とおっしゃったのです。」「良い羊飼いの時も、ただの羊飼いではなく特別な『良い』羊飼いだったように、今回も『まことの』特別なぶどうの木のようです。」「御父は、ぶどうの木の世話をする農民です。」「私たちは、その枝です。ぶどうの木の中は樹液が流れていて、枝にまで生き育つための力を送ります。まことのぶどうの木も同様に、イエス様の樹液が私たちの中を流れます。この樹液は、あの『死に打ち勝った』樹液です。」「聖書の話の中に十回も『とどまれ』という言葉が出てきます。そして、最後には『私の愛にとどまりなさい』という、とても良い言葉が出てきます。」「いったいいつから私たちはこの枝になったのでしょう？」「枝の中には、まだ小さい枝もあります。一生かけて、豊かな枝に育っていくのです。」

「祈り、洗礼、ご聖体などによって、私たちはまことのぶどうの木にとどまります。ぶどうの木にとどまる時、枝はより樹液を受け、より実をつけます。」「初聖体の日、樹液をたくさん受けて、私たちは大きく育ちます。そして、農民である御父は、とても喜ぶのです。」

そして、ぶどうの木のミニチュアを見ながら、聖書のお話を読みます。

「このたとえ話の中で、イエス様は何に例えられていますか?」「私たちは、何に例えられていますか?」子どもたちに質問しながら、イエス様は太い幹ではなく、まことのぶどうの木そのものであることに気づいていきます。つまり、枝である私たちは、ぶどうの木であるイエス様の一部であり、これはイエス様と信者との共同体の姿なのです。

また、「農民は誰で、何をするのか?」についても聞き、木を世話してくださる御父の存在と、実は御父への敬意であることに気づいていきます。

「樹液は何をする? 誰が送る?」木の生命には、復活したキリストの生命の恵みである樹液が必要なのです。

「多くの実を結ぶと、どうなる?」亡くなった人も皆、全人類がまことのぶどうの木の中にいます。

そして、最後の「私の愛にとどまりなさい」という言葉を静かに味わいます。「とどまりなさい」ということは、今すでに私たちは、その愛のうちにあるということです。

教会学校の子ども達は、お話を聞いた後、「木がなかったら、私たちが生きていないと感じた。」「枝から振り落とされたら、どうしようと思った。」「地球の人びとがすべて、つながっている。みんなつながっていると思った。」と祈っています。イエス様と世界中の人とつながっていると、より一層感じることができた貴重な時間でした。

イタリアのぶどう棚のミニチュア

好きな聖書のみ言葉を
書き出していく女の子

お庭で、先生のギター
に合わせて聖歌の練習

ゆるしの秘跡

「悪いことをしてしまった時でも愛を与えてくださる」新しい大切な出会い

「ゆるしの秘跡」は大きな恵みであり、喜びです。今まで子どもたちが何度も聞いて親しんできた「良い羊飼い」や「まことのぶどうの木」のたとえ話に結びつけて、その意味や喜びを伝えていくことができます。

「私たちはとうとう、初めての『ゆるしの秘跡』というイエス様との新しい大切な出会いのための準備をすることになりました。これは、洗礼ととてもよく似ています。良い羊飼いは私たちを愛によって守り導いてくださるために、洗礼によって柵の中に入れてくださいました。でも、イエス様は私たちが良い行いをしている時だけ守ってくださるのではないのです。迷子になったり、悪い事をしてしまったり、イエス様から離れてしまった時も、愛を与えてくださいます。『ゆるしの秘跡』によって、イエス様はその愛を示してくださいます。」

「良い羊飼いが羊のために命を捨てた時、それが証明されました。死と復活によって、人間に神の国の門を開いてくださったのです。イエス様の十字架によって、人間の罪は赦され、神様の生命という大きな贈り物をいただきます。」


そして、カファルナウムでイエス様が中風の人を癒やした奇跡のお話（マルコ2・1–12）をします。

「カファルナウムでイエス様が中風の人を癒やしたのを見て、人々は驚き感心しました。でも奇跡はその時だけではありません。今も、人間が心から赦しを願った時には、神様から赦しをいただけるようにしてくださったのです。」

「イエス様は復活した日の夕方には弟子たちの真ん中に立ち、『あなたがたに平和があるように』と言われました。そして重ねて、『父がわたしをお遣わしになったように、わたしもあなたがたを遣わす。聖霊を受けなさい。だれの罪でも、あなたがたが赦せば、その罪は赦される。だれの罪でもあなたがたが赦さなければ、赦されないまま残る』と言われました。」

「イエス様から弟子へ、弟子たちは司教様へ、司教様は神父様へと、人間を赦す使命は引き継がれていきました。こうして、何世紀もかけてイエス様の赦しの力は、今日私たちの教会の司祭にまで引き継がれ、父のみ名によって御父の力で私たちの罪が赦されるようになったのです。」

「ゆるしの秘跡」の時に司祭がするジェスチャーを見ながら、洗礼と同じような意味があることを感じることができます。

「赦しをいただくために神父様の所へ行くと、この二つのしるしをしてくださいます。一つはこう。按手です。もう一つはこう。十字架のしるしです。」

「按手は、私たちに神様からの力が送られることを表していました。十字架のしるしは、私たちを盾のように悪から守るということを表していました。これら二つのしるしは、洗礼の時にもしていただいたものです。つまり、『ゆるしの秘跡』は、洗礼の時に着た白衣を、また頂きに行くのと同じことなのです。汚れのない新しい白衣を着ると、また、この白衣とともに主の祭壇に招かれます。」

「神父様は、あなたに向かって、『父と子と聖霊のみ名によって、あなたの罪をゆるします』と言いますが、ゆるすというのは解放するという意味です。中風の人が病から解放されて再び健康を取り戻したように、私たちも罪から解放され、また豊かなすばらしい人生を神と共に生きられるようにしてくださいます。」

その後、「ゆるしの秘跡」が「神のみ言葉を聞き、良心の究明をする。」「弱さを前にして助けを願う祈りをする。」「神は私たちを救い出し、罪のゆるしの恵みによってさらに強くしてくださる。」「人は神の恵みに答える」という四つのシーンでできていることを、絵カードと説明文のカードを組み合わせて置く教材を紹介します。

そして、「これは、まことのぶどうの木で言えば、私たちはイエス様から力の樹液をいただいて、今までよりも強く聖なる枝となったということです。その枝は、栄光の良い実を結ぶようになっていくでしょう」と話します。

ソフィア・カヴァレッティ先生は、洗礼とゆるしの秘跡と聖体の秘跡（初聖体）が三つとも同じような意味があるというつながりを子どもたちにより深く印象づけるために、初めての「ゆるしの秘跡」の後に、司祭から白衣をもらって着るようにしました。

また、もう一つ思い出深い出来事があります。ある女の子が「神様には話すけど、神父様には話したくない」と言い出したのです。この子は少し前にお父さんが亡くなり、心が傷ついていた子でした。先生は神父様と話し合い、「ゆるしの秘跡」を聖堂の聖櫃の前ですることにしました。目の前には神父様が座っているけれど、その肩ごしに聖櫃が見えるようにしたのです。聖堂のランプのともる所、聖櫃の中にイエス様がおられる、聖堂に入った時はそちらを向いて挨拶をしましょう、と教えてもらっていたその女の子は、それで納得して「ゆるしの秘跡」を受けました。他の子どもたちは待つ間、その様子を見守るかのように離れた後ろの方の席に座り、聖歌を歌って過ごしました。

繊細な子どもの心に寄り添い、心が元気になるための手伝いをする。優しさにあふれた、とてもすてきな「ゆるしの秘跡」でした。

子どもの手作りの初聖体式への招待状。
まことのぶどうの木や、ご聖体、白衣などが書かれていて、人は笑っています。

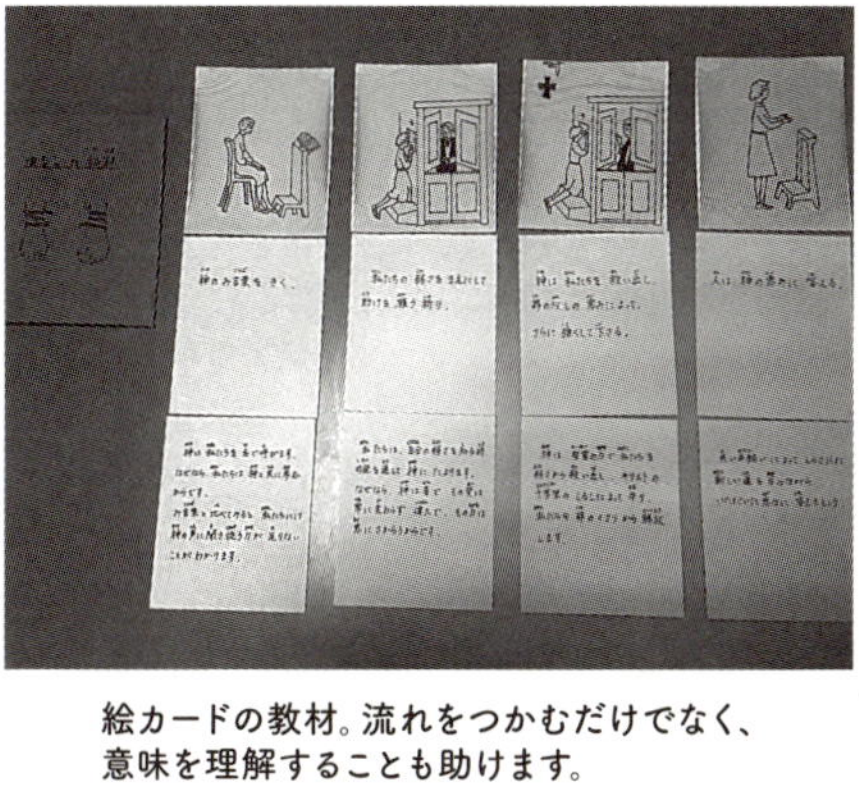

絵カードの教材。流れをつかむだけでなく、意味を理解することも助けます。

10章

救いの歴史

主があなたのとこしえの光となり、あなたの神が
あなたの輝きとなられる。

イザヤ60・19

救いの歴史

「天地創造・あがない（救い）・再臨」
神様はお造りになったその歴史に、韻を踏んでいる

『神の国の歴史』（7章）、『聖書』（5章）のお話を聞いたことのある八歳以上の子どものために、『救いの歴史』という予型論的解釈の教材があります。予型論をイタリア語ではtipologia（ティポロジーア）と言いますが、tipo（押し型）で押したように神様はお造りになったその歴史に韻を踏んでいるだろうと考えた見方で聖書を読み深めていくことです。この読み方は、ユダヤ教やキリスト教において古くから一般的に行われている聖書解釈法の一つだそうです。旧約のうちに新約のキリストおよび教会に対する予型を見いだすことにより、神様のご計画をあらためて感じることができます。

この一つひとつを、Ⅰ　まず旧約聖書のお話を読み深める、Ⅱ　次に新約聖書のキリ

ストの出来事と比べ、似ている部分を見つける、Ⅲ 最後に預言者が教えてくれている再臨の時についての言葉と照らし合わせてみる、というように三段階で過去・現在・未来を見ていくのです。こうして、聖書の中のつながりを発見していきます。

まずは、『救いの歴史』の中の「天地創造」についての紹介です。子どもには三回の授業に分けて紹介していきます。

Ⅰ「天地創造」

「世界のいちばん最初は、何もありませんでした。ただ、神様だけがいらっしゃいました。神様は世界を六日間で創造され、七日目に休まれたというお話を聞いたことがありますね。聖書を読んでみましょう。」そう言って、「七日間」と題した聖書を書いた小さい本を読みます。（創世記1・26–2・3参照）
「神様はどんな方でしょう？　聖書の中で『そのとおりになった』という言葉が繰り返されていますね。神様は世界を創造された方で、世界の全ての物を善意によって造られたのです。神様が造られた物は全て良いもので、特に人間はとても良いものだったのです。」

また、次に「エデンの園」と題した聖書を書いた本を読みます。（創世記2・4－24参照）

「神様は人間を土の塵《ちり》から造られたので、人間は地上のものです。でも、神様は『ご自分の姿に似せて造った』ともおっしゃっています。

また、エデンの園にある『善悪を知る木』とは何でしょうか？　それは、全ての知識ということです。善と悪はまったく反対の両局面のことなのですから。この二つの間には、全てがあるのです。

男と女は、イシュ（男）、イシャー（女）という名前のとおり似たものでした。」

聖書のお話をしたら、次は絵カードの教材を紹介します。

旧約聖書の時代の話は灰色のカードでできています。灰色のフェルトマットの上にまず、「天地創造」「エデンの園」「四つの川」「アダム」の絵カードを並べて置きます。次に説明文が書かれたカードを読みながら、それぞれ照らし合わせて置いていきます。

「天地創造」の下に、「天地創造の最初は、全ての地は水でおおわれ、その上に神の霊が動いていました」と書いたカード。「エデンの園」の下に、「楽しいものや、見るからに好ましく食べるのに良い木でいっぱいのエデンの園で、人間は神のような位置にいます」と書いたカード。「四つの川」の下に、「エデンの園には、豊かさと生命を運び、すべての地を潤す四つの川が流れています」と書いたカード。「アダム」の下に、「アダムは、神がご自身の形に似せて土から形造った最初の人間です」と書いたカードを置きます。

字カードの裏には、「天地創造の第一話の中で、神様の創造のみ業がどのように始まっているかを探してみましょう」などと赤い字で質問が書いてあるので、それを読み、さらに深めていくことができます。

Ⅱ「天地創造」「あがない」

最初の話をした日とは別の日に、年表を見ながら『神の国の歴史』の流れを振り返って話し、今、私たちは、この歴史の中の「あがない（救い）」の時代に生きていることを確認します。

白いマットの上に白い絵カードを置いていき、上から順に読んでいきます。「キリスト」「教会」「洗礼盤」「福音書」。（キリストと教会はマットに刺しゅうされています。また上から三番目の枠には、「秘跡」と刺しゅうされています。）

次に、字の書いてあるカードを読みながら、絵カードの右側に置いていきます。「キリスト」の右に、「復活したキリストは、天から来たアダムです。キリストによって新しい人間が生まれ出ます」と書いたカード。「教会」の右に、「教会はすべての人々に、永遠の生命の糧を与えます」と書いたカード。「洗礼盤」の右に、「聖霊は、洗礼の水の中で新しい人間を創造し続けます」と書いたカード。「福音書」の右に、「教会の中には、永遠の生命に導く四つの泉があります」と書いたカードを置いていきます。

このように「あがない」の出来事にあたる白いカードについて見た後、「天地創造」の灰色の絵カードと字カードが関係するのはどれかを考えながら置いていき、「キリストとアダムは、両方とも神様に造られた者ですね。でも、キリストは地上のものであり天の上のものですが、アダムは神に似せて造られた地上のものです。」「教会とエデンの園は、両方とも神様がいらっしゃる場所です。」「洗礼盤と天地創造には、両方とも新しい生命を産む聖霊の存在があります。」「四つの福音書と四つの川は、新しい生命に栄養を与える神様の力があります」と、話しながら気づいていくことができます。

Ⅲ「天地創造」「あがない」「再臨」

「前回聞いた『救いの歴史』は、私たちの知っているお話の中でいちばん長いお話です。天地創造で始まり、お話の頂点であがないがあり、それで終わることなくその後も続いて〈神がすべてにおいてすべてとなる〉と言われている再臨で幕を閉じます。

天地創造・あがない・再臨は、時間的には離れていますが、これらには似ているところがあります。なぜなら、どれも同じ一つの歴史の中のことだからです。

天地創造で、神様は愛の力によって世界と人間（アダム）を造りました。お話の中心である復活したキリストは、天から降りて来た〈新しいアダム〉と言えます。そして、キリストと関わる人には神の生命が与えられます。

再臨の時、〈神がすべてにおいてすべてとなります。〉死んでいた人は生き返り、天と地も新しくなるでしょう。

このことについて、預言者が言っている言葉を聞いてみましょう。

〈人間の復興〉　（イザヤ60・21）

あなたの民は皆、主に従う者となり、
とこしえに地を継ぎ、私の植えた若木、
私の手の業として、輝きに包まれる。

〈天と地の復興〉　（イザヤ65・17）
見よ、わたしは新しい天と
新しい地を創造する。
初めからのことを思い起こす者はない。
それはだれの心にものぼることはない。

預言者イザヤの書の中で、神様は、またこうもおっしゃいます。（イザヤ60・19―20）
「太陽は再びあなたの昼を照らす光とならず、月の輝きがあなたを照らすこともない。主があなたのとこしえの光となり、あなたの神があなたの輝きとなられる。あなたの太陽は再び沈むことなく、あなたの月は欠けることがない。主があなたの永遠の光となり、あなたの嘆きの日々は終わる。」

緑のマットの上にカードを置いていき、順番に読んでいきます。（緑のマットは、キリストの十字架と教会、再臨の十字架が刺しゅうされています。）
灰色のカードには「初めに、神は天と地を創造しました。そして、ご自身に似るようにご自分のかたちに人（アダム）をお造りになりました。」白いカードには「復活したキリストは、死に勝ち、新しい生命となった〈新しいアダム〉です。」緑のカードには「再臨から、〈神がすべてにおいてすべてとなります。〉新しい天と地が創造され、すべての人に新しい生命が与えられるでしょう」と書いてあります。カードはご計画の流れを理解することを助けてくれます。アダムとキリストとすべての人々がカードを読みながらつながり、すべての人々という中には私たちもそのつながりの中に含まれているのだと感じることができます。

子どもに十字架の話をする時に、決して死で終わってはならない、復活の希望の話までしないといけない、とソフィア・カヴァレッティ先生はおっしゃっていました。また、この希望のご計画の中に自分も含まれていると実感する時、子どもたちだけでなく大人もみんな喜ばずにはいられない気持ちになるでしょう。

また、緑のカードの裏には「預言者たちはこのことについて何と言っていますか?」と質問も書かれていて、もう一度預言者の言葉をゆっくりと読み味わうようにも招いています。

カードを置いた後は、総合的な表で再び見ていくことができます。表でアダムが造られたところから再臨に至るまで読み進めると、あらためて神様のご計画が希望にあふれたすばらしいもので、そこに参加している自分は、これからどのように生きていこうかと考えさせられます。

この『救いの歴史』の教材は、「天地創造」についてだけではなく、他にも「原罪」「大洪水（ノアの箱舟）」「アブラハム」「（エジプト）流出」があります。それぞれ、同様に旧約聖書の出来事とキリストの出来事、そして再臨について見ていくのですが、原罪についてだけはネガティブな箇所で終わらないように一度の授業ですべてを紹介します。また、原罪とキリストの復活はまったく逆の出来事なので、総合の表も他と異なる形になっています。

また、アブラハムとモーセについては当時の文化を説明する読み物が教材に加えられています。

こうして長い時間をかけてすべてを深く学んだ後、最後に総合の表をすべて並べて見ていきます。すると、私たちが何者なのかも次第に分かってきます。私たちは、神様が贈り物をくださるほどの者。私たちは、神様と共に歩むほどの者。私たちは、神様とずっとつながっている者。私たちは、約束をすることができるほどの者。私たちは、解放されている者。

驚き、喜び、感謝、希望、責任。さまざまな気持ちが湧き上がってくるのを感じながら、やがて自分自身について思いめぐらすことになっていくでしょう。

Ⅰ. 灰色のカードを置いていきます。

Ⅱ. 灰色のカードと白いカード。
縦にも横にも、読んでみる
ことができます。

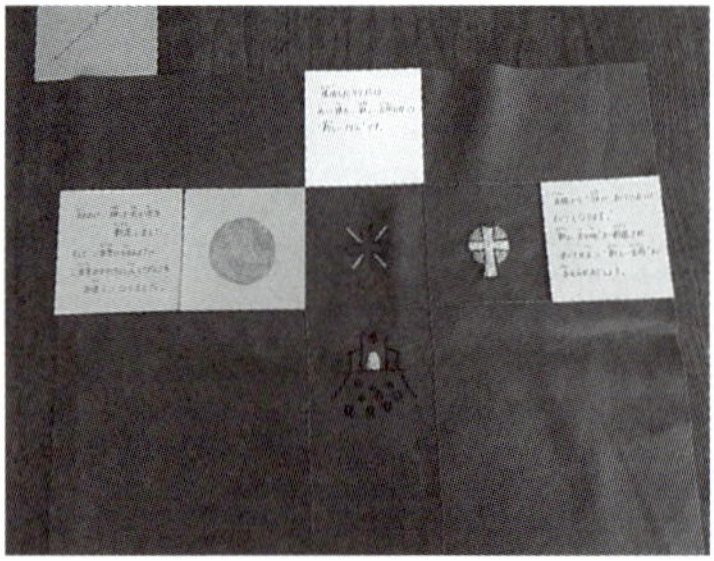

Ⅲ. 三色のカードを並べ、
流れを見ます。

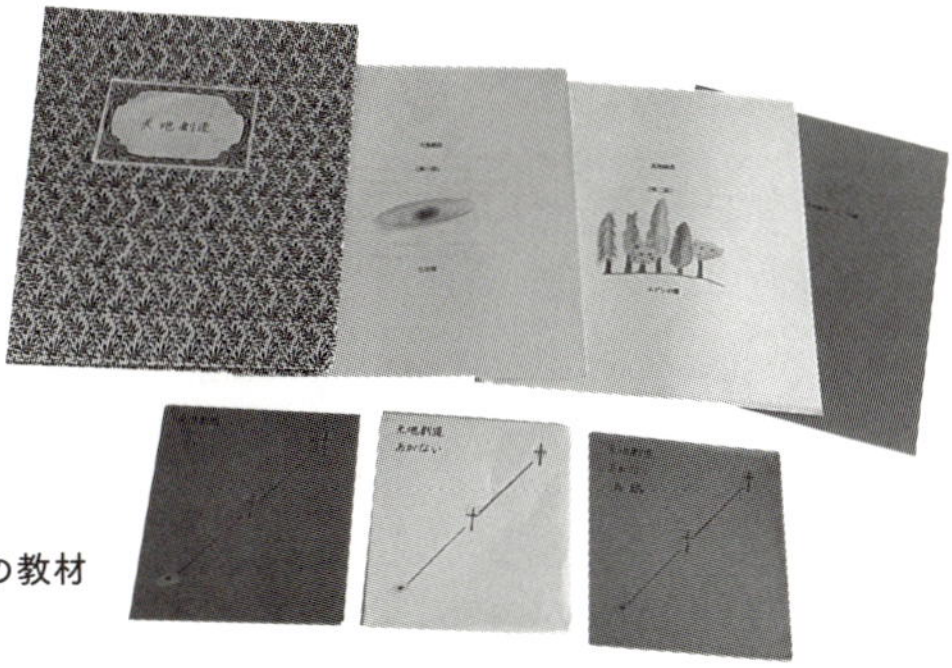

救いの歴史の教材

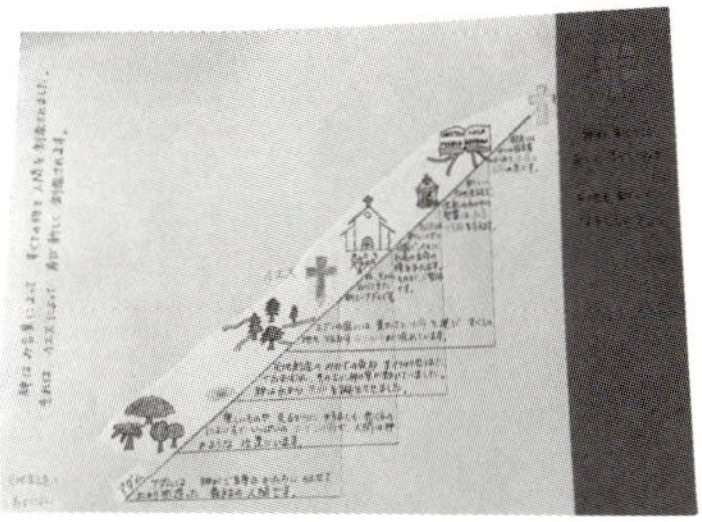

天地創造の総合的な表です。

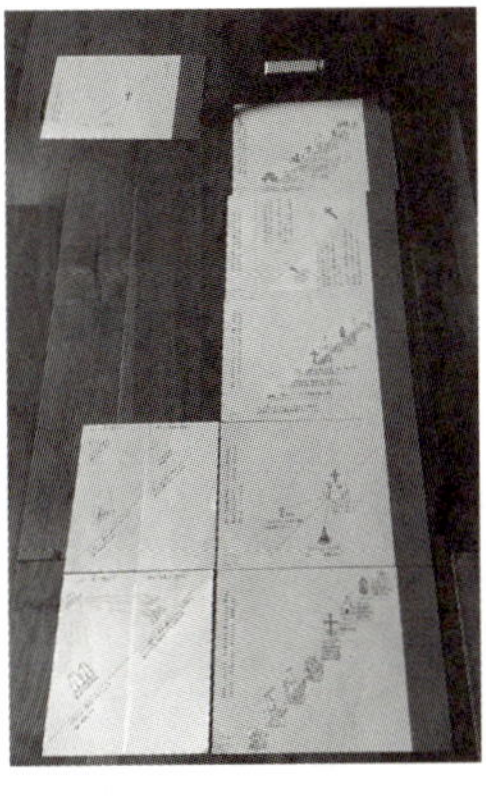

『救いの歴史』の総合。
長い時間をかけて、ここまでゆっくり進みます。

11章 家庭で

子供たちをわたしのところに来させなさい。妨げてはならない。神の国はこのような者たちのものである。

マルコ10・14

家庭での工夫

「ママ！　赤ちゃんイエスが生まれたよ」
二歳の男の子のクリスマス

モンテッソーリ教育の教師は、モンテッソーリ教師養成のための特別な勉強や練習をしてディプロマを修得するのですが、もともとは、マリア・モンテッソーリが子どもをよく観察したことから、子どもの中にある自己教育能力を発見し、その能力が何にも邪魔されないで使えるように環境を整えたものなので、ディプロマを持っていなくても、そのセンスを持っているお母さんはいらっしゃるものです。

二歳児クラスに子どもを通わせているあるお母さんが、家庭でこんなことをしてみたら、わが子が生き生きと活動したと言って、次のような報告をしてくださったので紹介します。

「プレゼピオのお仕事」

二歳七カ月の息子が、最近とても好きなお仕事です。

聖書のお話は、小さい頃から絵本を通してしていました。

毎年クリスマス前になると、実家では必ずプレゼピオを飾ります。昨年息子は、小さなプレゼピオをおばあちゃん(私の母)からプレゼントしてもらいました(写真①)。

飾ったものを何度もうれしそうに触っては並べている姿を思い出し、今年は自分で飾ってもらおうと思いました。ただ飾っただけでは終わってしまうので、何度も飾れるように写真のように箱の中に入れて、棚に入れておくことにしました(写真②)。

これを見つけてからは毎日、

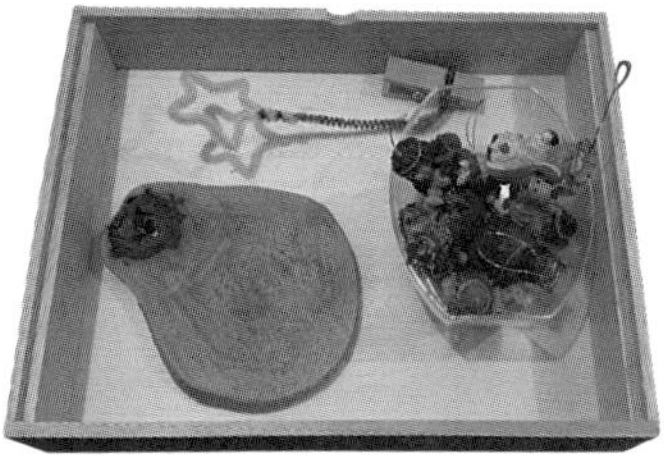

写真①

写真②

自分で棚から出して、並べて、また、ちゃんとしまいます。（二歳児クラスの〈天使のお部屋〉に通っているおかげで、出したら片付ける習慣が確実に身に付いていることを大変うれしく思いながら感動してしまいました。）

彼はお人形を出し、聖書のお話をぶつぶつ言いながら再現します。再現している様子もおもしろいのですが、出来上がったら、「ママー！　赤ちゃんイエスが生まれたよー！」「今日は天使が赤ちゃんを見ているよー」「赤ちゃんイエスは、お馬さんがご飯を食べる所で寝ているから、動物たちがなんだ？　なんだ？って近寄って、匂いを嗅いでいるんだよ」など、知らせに来てくれます。

この小さなお仕事を用意した初日には早速、「ママ、博士たちが目印にしていた、あのふしぎな星がないよ」と指摘され、あわてて一緒に星を作りました（**写真③**）。

あきもせず、毎日このプレゼピオを触りたがります。

三人の博士（メルキオール、カスパル、バルタザール）の名前もいつの間にか覚えてしまったので、近々

写真③

彼らがイエスに持ってきた黄金、没薬、乳香の贈り物を一緒に調べて、粘土で作ってみたいと思っています。

クリスマスでなくても、よく読んであげている絵本です（**写真④**）。

読み間違えると、「ちがうよ！　○○○でしょ！」と指摘されます。感心してしまうと同時に、子どもの能力には、いつも驚かされます。

ちなみにこちらは、毎年実家で飾っているプレゼピオです（**写真⑤**）。

私が小さい頃、母と一緒に割りばしで馬小屋の屋根を作り、かまぼこ板で壁を作った記憶があります。お母さんというのは、ちゃんとこういう物を残していてくれるものですね。

写真④

写真⑤

驚いたことに、このプレゼピオの人形は陶器で出来ているそうです。それでも「大切なものだから、触らないでね」と言って手の届かない所に置いてしまうのではなく、もし落としたりして失敗しても、それも大切な体験と考えて触らせてあげたのがすばらしいことでした。

子どもがうれしそうに触っているのを見て、何度も触れられるように準備してあげ、一緒に星を作ったり、落として欠けてしまった部分はボンドで直してあげたりしながら楽しんでいます。お母さんも昔、おばあちゃんと一緒に馬小屋を作った思い出があるということなので、このセンスは受け継がれたものなのかもしれません。

「毎日のように、このプレゼピオを触っては片付けるので、クリスマス期間も普通に棚に飾られている日はなかったんですよ」と笑顔で話してくださいました。この年齢は「触る」「繰り返す」ことによって学び、吸収します。プレゼピオが棚に飾られてはいなくても、ご降誕の喜びが、お子さんやご家族の心の中に深く深くしみ込んだことは間違いないでしょう。

◇◆　◇◆　◇◆

お母さんたちの心

「お母さんと神様のお話がしたい」子どもに導かれるお母さんたち

幼稚園で、たくさん神様のお話を聞き親しんだ子どもたちは、しぜんに家庭でも神様の話をするようです。ところが、ほとんどの保護者の方はキリスト教についてあまりご存じないので、子どもの話していることの内容がよく分からないことが多いということでした。ある時、お母さんたちから「私たちも神様のお話を聞いてみたい」という声が上がったので、毎月一回、年長児のお母さんの希望者に子どもが使っている教具を紹介して意味をお伝えする会を作りました。子ども向けの教具はシンプルで要点が絞られているので、キリスト教の話を初めて聞く方にもとても分かりやすいのです。

まず最初に、『天の国のたとえ話』の「からし種」「真珠」「パン種」を紹介し、神の国がどこにあるかを気づかせていくと話しました。すると、「神様はお寺や神社にいて、私たちはそこにお参りに行くと思っていたので、自分の中に神様の力が働いているという感覚に驚いた」という感想もありました。しかし、ある方が、後でこんな体験を話してくださったのです。それは、年長さんの息子さんが、ある時お母さんに幼稚園で聞いた話をして、「僕の中に神様がいるんだよ」と言ったのだそうです。自分はそれがよく分からないので、「ママの中にはいないの」と答えると、お母さんに向かって「胸を貸して」と言ってお母さんの胸に自分の手を当て、「僕の中の神様を、ママに上げるよ」と言ってくれたのだそうです。そのお母さんは、小さな息子さんのこの優しさに感動していました。そして、子どもにはもともと神様に近いものがあると感じたのだそうです。その後、良い羊飼いの話を聞いた時にこの方は、「良い羊飼いは、私を神様のところへ導いてくれる息子で、私は羊のような気がする」という感想をもっていらっしゃいました。子どもから大事なものをもらっていると感じているお母さんは、とても幸せそうでした。

また、「子どもが家でいろいろな質問をしてきます。例えば、神様は昔は生きてたのに今は死んでるの？とか、神様は男？女？とか。何と答えたらよいのでしょうか。幼稚園で先生に聞いてごらんと言うのに、いつも聞いて来ないで、また私に聞くので困っています」というお母さんもいました。しかし、この方は幾つかの教具を知り、先生やお友達のお母さんと分かち合うことがとても楽しいものだと分かった時に、「うちの子も、私と神様について語り合いたいのかもしれない」と気づいたのです。答えが知りたいというだけのことでなく、大好きなお母さんと大好きな神様について、あれこれ話をしたい、というのが子どもの本心だったのかもしれません。それに気づいたお母さんは、子どもの心が分かるとても賢い方だと思いました。

また、単に話を聞いたり教具を見たりするだけでなく、子どもが教具で活動をするのと同じようにお母さんたちにも活動してもらえるような時間を作りました。一回目は良い羊飼いをペーパークラフトで作る作業、二回目はクリスマスのお話の絵本を作る作業です。静かに作業に没頭すると、「子どもが集中して作業する時の気持ちがよく分かりました」とか、「作りながら、いろいろなことを思いめぐらしました。一匹一匹が、とても大切に感じました」などという感想でした。普段、家事に追われて忙しい主婦の方々にとって、何からも邪魔されることなく集中して、作ったり瞑想する時間はとても貴重なものだったようです。「子どもが何かやっている時、つい口をはさんでしまいますが、しない方がいいですね」と笑った方もいらっしゃいました。

このように、お母さんたちが子どもが聞いている神様のお話を知るということは、単に知識が共有されるだけでなく、心がつながっていくという大きな恵みです。お母さんと子どもの心がつながるだけでなく、保育者の私もそこにつながった気持ちになりました。神様と子どもとご家族と先生が、ぐるっと輪になったような感じがしたのです！　宗教教育というと大人が子どもに教えるというように思われてきたかもしれませんが、本当は神様のすばらしい恵みを、みんなで分かち合うこととも言えるのではないでしょうか。伝えた人も、伝えられた人も喜び、誰が伝える人になるかは、その都度変わっていく、子どもが伝える時もたくさんある、そんな体験をさせていただきました。私が紹介してきた教具は、単に教えるための教具としてだけでなく、たくさんの人々の心をつないでいくために使っていただけたらうれしいです。

楽しそうな表情で、集中して作業をするお母さんたち。

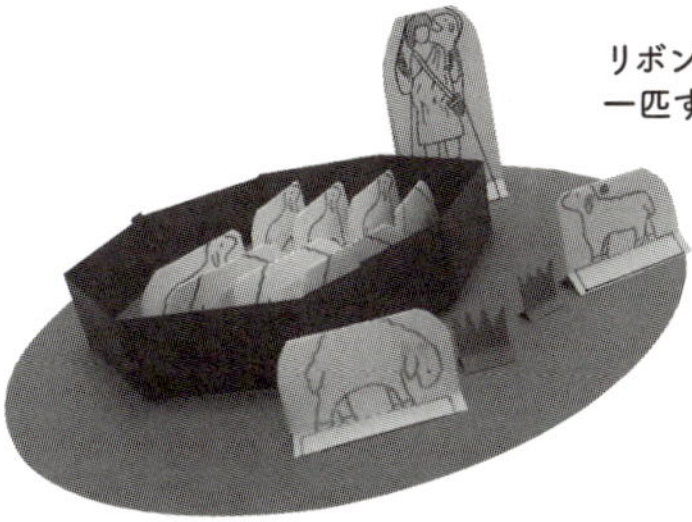

リボンを描き足したり色を変えたりして、
一匹ずつ特徴をつける方もいました。

子どもへのクリスマスプレゼントにすると言う方も。
こんな手作りの絵本をもらった子どもは、なんと幸せなことでしょう!

あとがき

私がソフィア・カヴァレッティ先生のもとで勉強させていただいていた時、ジャンナ・ゴッビ、ティルデ・コッキーニ、フランチェスカ・コッキーニ、クラウディア・シュミッツというカテキスタたちの授業も受けました。彼女たちは、子どもと神様のすばらしい関係に魅了された方々で、この仕事に全力を尽くしておられました。

あれから二十二年経ちますが、ソフィアとジャンナとティルデが亡くなった今となっては、あの時、彼女たちの授業を受けたことは光栄なことだと思います。それまでに聞いたことのないようなすばらしい内容の授業で、イタリア語が難しく授業中その場ですぐ全て理解することが困難だった私は、家で録音したテープを聞きながら訳していたのですが、意味がはっきり分かった時、手を止めてしばらく感動に浸り、なんとすばらしいのだろうと祈った思い出が何度もあります。

そして、帰国してからすぐに実践する場を与えてくださった湘南白百合学園幼稚園の米島園長先生をはじめ、他園での研修会を企画してくださった世田谷聖母幼稚園の廣澤先生、中川先生、大濠聖母幼稚園の綿貫園長先生、アトリウムの共働者であり本書の表紙の絵を描いてくださった水谷先生、ここには書ききれないほどのたくさんの園の先生方にお礼を申し上げます。感動を分かち合っていただいたことで、私の喜びが何倍にも膨れ上がりました。そしてなにより、私と出会ってくれたたくさんの子どもたち。この子どもたちを通して、神様とよりつながることができたと感じます。

最後に、「家庭の友」に連載することを薦め励ましてくださった相良敦子先生。この本が出版される直前に亡くなられたことが、残念でなりません。相良先生なくしては、この本の出版はあり得ませんでした。先生の熱意を見習い、これから一層力を尽くしていきます。そしてサンパウロの編集部の方々、三年間の連載に続き、こうして書籍化することによって、より多くの方に伝えることができます。感謝いたします。

「良い羊飼いの声はやがて、遠くにいる羊まで届き、やがて一つの大きな群れとなるだろう。」時を超え、場所を超えて、神様の愛が全ての人に届き平和が訪れますように。

長谷川　京子

イタリアの宗教教育の先生方
（右から）ティルデ・コッキーニ、ソフィア・カヴァレッティ、
シルバーナ・Q・モンタナーロ、ジャンナ・ゴッビ

著者紹介
長谷川　京子（はせがわ　きょうこ）

東京生まれ、鎌倉育ち、福岡在住。
保育科卒業後、藤沢市の聖園幼稚園を経て、湘南白百合幼稚園に勤務し、京都モンテッソーリ教師養成コースで初めてモンテッソーリ教育を学ぶ。その後、イタリアのペルージアで 3-6 歳のモンテッソーリ教師のディプロマを取得、また、ローマの良い牧者のカテキスタセンターでカテキスタのディプロマを取得する。帰国後は再び湘南白百合学園に勤務しながら、各地で講演活動を続けてきたが、現在は福岡の大濠聖母幼稚園で宗教専任講師、講演活動、教会学校のリーダーとして子どもたちや保護者に、教具を用いながらモンテッソーリ教育による宗教教育を行っている。

アトリウムの子どもたち
——モンテッソーリの宗教教育——

著　者——長谷川　京子

発行所——サン パウロ

〒160-0004 東京都新宿区四谷 1-13 カタオカビル 3 階
宣教推進部(版元) (03) 3359-0451
宣教企画編集部　(03) 3357-6498

印刷所——日本ハイコム㈱

2017 年 7 月 28 日　初版発行

ISBN978-4-8056-0065-8 C0016（日キ販）